SAVOIRS LOCAUX, ÉDUCATION ET FORMATION EN AFRIQUE

Cet ouvrage est publié
avec le concours de l'IRD.

Visitez notre site :
www.karthala.com
Paiement sécurisé

Illustration de couverture : Extrait de peinture de Lassama Gassama, Dakar, 2010.

ISBN : 978-2-8111-1477-0

Sophie Lewandowski

Savoirs locaux, éducation et formation en Afrique

Les enjeux des politiques internationales

Éditions KARTHALA
22-24, bd Arago
75013 Paris

L’auteur tient à remercier

Marie-France Lange, Jean Copans, Olgierd Lewandowski,
et Jean-Claude Combessie (†).

Introduction

La définition, le statut et l'usage des savoirs locaux s'inscrivent dans l'un des débats majeurs du XXIe siècle : celui de la place des différents savoirs dans les économies actuelles. Depuis Machlup (1962), des économistes – comme Moulier-Boutang (2007) – débattent sur la propension des sociétés à se fonder progressivement sur des économies postindustrielles, appelées « économies du savoir », « économies de la connaissance » ou « capitalisme cognitif ». L'importance croissante des capitaux immatériels dans l'économie mondiale et ses implications en termes de restructuration sociale devient un objet majeur de débat et de recherche dans différentes disciplines (Stehr, 2002). C'est dans ce contexte que les institutions internationales se sont saisies de la question du statut et de l'usage des savoirs locaux. Ces derniers seront entendus ici comme les connaissances non scientifiques, qu'elles soient occidentales ou non[1]. Pour l'UNESCO, l'essor du modèle des « sociétés des savoirs » présente une opportunité pour les pays du Sud à condition qu'il ne conduise pas à créer une rente de situation mercantile au profit des pays du Nord (UNESCO, 2005). Pour la Commission européenne, la Banque mondiale ou le Fonds monétaire international, en effet, les connaissances scientifiques, l'infor-

1. Ils font l'objet aujourd'hui d'approches multiformes dont témoigne la variété des adjectifs qui les désignent : savoirs « traditionnels », « quotidiens », « communs », « amateurs », « profanes », « prolétaires », « populaires », « familiaux », « communautaires », « autochtones », « indigènes », « vernaculaires », etc.

mation disponible dans la nature (codes génétiques) et les savoirs locaux constituent des valeurs marchandes. Les savoirs locaux sont ainsi considérés comme des biens dont on doit déterminer les droits d'usages et la répartition des bénéfices, comme en témoigne la lutte de l'Organisation mondiale de la propriété intellectuelle (OMPI) contre la biopiraterie. C'est cette dernière conception qui – malgré les critiques (Azam, 2007) – est aujourd'hui la plus influente dans les politiques internationales destinées au Nord comme au Sud. Nous nommerons ici « politiques internationales » ou « politiques publiques internationales », les politiques des organisations internationales et multilatérales, bien qu'elles ne soient pas totalement autonomisées par rapport aux politiques de leurs États membres (Petiteville, 2010).

Selon cette logique de savoir-capital, « l'éducation et les ressources humaines » sont désormais considérées comme l'un des piliers du « développement » et de la « compétitivité mondiale » (Carnoy, 1999 ; Guttman, 2003)[2]. Dans les pays du Sud, l'éducation et la formation ne sont plus perçues comme un secteur non productif et secondaire comme à l'époque des programmes d'ajustement structurel ; mais elles sont utilisées par les partenaires du consensus post-Washington comme un élément clef de la lutte contre la pauvreté et pour la croissance. Les organisations internationales ont ainsi impulsé des politiques dites « d'Éducation pour tous » (EPT) à partir des années 1990 pour augmenter les taux de scolarisation sur tous les continents. Ces politiques ont été mises en œuvre sous l'égide d'organisations internationales (comme les Institutions financières internationales IFI ou l'UNESCO) par une grande diversité d'acteurs (États, ONG, acteurs privés). Elles ont contribué à une augmentation sans précédent des taux de scolarisation mondiaux : dans les années 1990, tous les continents du monde ont franchi le seuil symbolique des 50 % de Taux brut de

2. Voir la conférence de la Commission européenne à Göteborg « Le triangle de la connaissance à la source de l'avenir de l'Europe » : http://www.eurosfaire.prd.fr/news/consulter.php?id=3475, consulté le 2 janvier 2013.

scolarisation (TBS)[3] à l'école primaire. En Afrique subsaharienne, sous-continent le plus faiblement scolarisé, le Taux net de scolarisation (TNS) à l'école primaire est passé de 56 % à 73 % en moins de dix ans, de 1999 à 2007 (UNESCO, 2010, p. 68).

Or, les acteurs de l'Éducation pour tous (EPT) se sont positionnés en faveur des usages des savoirs locaux à l'école officiellement dans un double objectif : adapter l'école aux milieux, d'une part ; et conserver et promouvoir ces savoirs, d'autre part. Dès lors, pour les besoins des nouveaux programmes scolaires, les savoirs locaux sont sélectionnés, tronqués, transformés et associés aux autres savoirs scolaires selon des logiques spécifiques. En outre, le temps et les modalités des transmissions familiales et communautaires des savoirs locaux sont restructurés du fait que la majorité des enfants passent désormais l'essentiel de leur temps d'apprentissage à l'école. Les savoirs locaux sont ainsi métamorphosés à un rythme sans précédent, sous l'impulsion de politiques internationales, dans leur transmission, leurs usages et leur (re)production. Ce processus et ses conséquences sont peu analysés par la recherche fondamentale, au moment même où les écrits institutionnels des acteurs dominants abondent et couvrent le champ.

---

3. Le Taux brut de scolarisation (TBS) à l'école primaire prend en compte tous les enfants qui vont à l'école. Il correspond au rapport suivant : le nombre d'enfants scolarisés (quels que soient leur âge et leur niveau de scolarisation) sur le nombre d'enfants âgés de 7 à 12 ans. Le Taux net de scolarisation à l'école primaire (TNS) est plus restreint et s'obtient par le rapport suivant : le nombre d'enfants *âgés de 7 à 12 ans* scolarisés *dans le primaire* sur le nombre d'enfants âgés de 7 à 12 ans. Quant au taux d'alphabétisation, il correspond au rapport : population des personnes de plus de 15 ans alphabétisées sur population totale des personnes de plus de 15 ans.

L'instruction face aux autres formes de savoirs en Afrique : un objet délaissé

Après avoir subi plus d'un siècle d'ignorance ou d'éviction coloniale en milieu scolaire, les savoirs locaux ont connu un long processus de réhabilitation. Mais ce dernier est aujourd'hui dominé par des écrits institutionnels, en particulier en ce qui concerne leurs usages à l'école. En Afrique, en Asie, au Moyen-Orient et en Amérique du Sud, des débats ont été lancés sur le statut des modes de pensée non issus de la science occidentale ; ainsi que sur la réalité et l'intérêt d'une hybridation des modes de réflexion. Cette littérature, bien que disparate et traitant de savoirs fort hétérogènes, est souvent désignée par le terme de *post-colonial studies* (Bilbeau, 2010 ; Loomba *et al.*, 2005). À la suite de pionniers comme le penseur américain d'origine palestinienne Saïd (1979), plusieurs intellectuels indiens ou d'origine indienne ont alimenté ces interrogations (Appadurai, 2001 ; Nandy, 1983). En Afrique, Kalanda prône très tôt une « décolonisation mentale » (Kalanda, 1967) qui inspire jusqu'à aujourd'hui de jeunes militants africains dans les forums sociaux mondiaux. Dans les milieux de la littérature et de l'anthropologie, une critique acerbe est faite de la négritude (Adotevi, 1972). Dans celui de la philosophie, l'opposition entre « l'ethnophilosophie » de Tempels (1949) et la « philosophie » de Towa (1971) et d'Hountondji (1977 et 1994) a lancé un débat durant plus d'une décennie. Mudimbe (1988), quant à lui, cherche à dépasser ces oppositions en traitant des différentes formes de savoir constituant la « gnose africaine » (Bilbeau, 2010, p. 30). Mais ces écrits provoquent toujours des controverses (Copans, 1998 ; Mbembe, 2000) ; peu de ces auteurs abordent les implications éducatives de ce débat, excepté l'enseignement des langues nationales (Wiredu, 1992). En Occident, les questions du statut, puis du métissage, des savoirs non occidentaux ont aussi été largement débattues dans diverses disciplines, depuis les travaux de Durkheim et Mauss (1903) jusqu'aux écrits d'Amselle (1990, 2008, 2011) ou de Jewsiewicki (2001) en passant par les textes de Goody (1977) ou de Thomas sur la construction de la science (2003). La réhabilitation des savoirs locaux non occidentaux (Darré, 1999) a souvent trouvé son origine dans l'examen des savoirs naturalistes : aux USA, avec les « ethnosciences » (Murdock, 1938) ; et en France, avec Haudricourt et Hédin (1943), Lévi-Strauss (1962)[4], Descola (1986). Des recherches se sont développées ensuite sur divers savoirs liés aux processus de « développement » (Boiral, Lanteri, Olivier de Sardan, 1985 ; Dupré, 1991 ; Olivier de Sardan et Paquot, 1991 ; Moity-Maïzi et Muchnik, 2005 ; Carton et Meyer, 2006 ; Géronimi *et al.*, 2008 ; Atlani-Duault et Vidal, 2009). Ces écrits centrés sur les savoirs locaux ne traitent cependant pas du rôle de l'école dans la transmission de ces savoirs.

Inversement, les recherches sur l'éducation scolaire ne se sont que peu préoccupées de l'usage des savoirs non scolaires à l'école, notamment car elles s'intéressaient davantage au système scolaire en tant que structure qu'aux savoirs transmis. En France, si la question des projets de société liés aux contenus scolaires avait été majeure jusqu'au début du XXe siècle, notamment avec le cours de Durkheim en 1904-1905 (1938), cette problématique a été ensuite supplantée par celle des inégalités. Les travaux de Bourdieu et Passeron (1964, 1970) ont, entre autres, mis en lumière le rôle des inégalités culturelles dans la reproduction des inégalités sociales au travers du système scolaire. Mais la question des savoirs eux-mêmes est restée au second plan ; les savoirs préscolaires acquis dans les familles ont été traités surtout comme des « codes culturels » utiles à l'acquisition scolaire et non en tant que source autonome de savoirs. Des courants anglophones, souvent dans la mouvance de l'interactionnisme symbolique américain, ont développé des analyses sur les savoirs scolaires : il s'agit, aux USA, de l'école de Chicago (Becker, 1952), de l'ethnométhodologie (Garfinkel, 1967 ; Mehan, 1979 ; Rosenbaum, 1976) et de l'anthropologie (Spindler, 1974) ; en Grande Bretagne, de

4. Pour une relecture critique du positionnement de Lévi-Strauss vis-à-vis de celui de Lévy-Bruhl, on lira avec intérêt l'article de Merllié (1989).

l'ethnographie scolaire (Woods, 1983) et surtout de la Nouvelle sociologie de l'éducation (NSE), communément appelée « sociologie des curricula » (Young, 1971). La NSE, bien qu'ayant rencontré diverses critiques (Forquin, 1990, Gauthier, 2011), a permis de mettre en exergue la notion de curricula qui sera utilisée dans cet ouvrage. Le curriculum (pluriel : curricula) fait l'objet de multiples définitions ; mais généralement la notion se réfère à un ensemble organisé dans le temps et dans l'espace de savoirs destinés à la transmission scolaire. Elle permet ainsi d'évoquer à la fois les programmes, mais aussi par exemple le choix de la pédagogie ou de l'andragogie (c'est-à-dire la formation des adultes dans ses aspects psychopédagogiques, socio-pédagogiques et pédagogiques techniques), du type d'emploi du temps, du cursus, etc. On doit également à la NSE la distinction entre curricula « formels », « réels » et « cachés ». Les « curricula formels » correspondent à ce qui est officiellement proposé par l'administration scolaire ou les opérateurs d'éducation (visibles par exemple dans les directives et les programmes scolaires). Les « curricula réels » désignent ce qui est réellement effectué en classe au cours de l'interaction maître-élève. Les « curricula cachés » révèlent les codes socioculturels, « un ensemble de schémas sociaux liés à l'organisation de la société » (De Queiroz, 1995, p. 40), implicitement diffusés par les curricula formel et réel. En France, les recherches sur la question des savoirs solaires sont – sauf exceptions – plus tardives (Tanguy, 1983 ; Isambert-Jamati, 1984 et 1995 ; Henriot, Derouet et Sirota, 1990 ; Lahire, 1993 et 1999 ; Camilleri, 1985 ; Chanet, 1996 ; Charlot, 1997 ; Beillerot, 1989 ; Ramognino et Vital, 2004 ; Vital, 2006). L'ensemble de ces travaux, issus de disciplines variées, ont fait relativement peu référence aux savoirs locaux, excepté au travers des savoirs pré-acquis des apprenants ou de la question de l'intégration scolaire de minorités ou de migrants au Nord. Et ils ont essentiellement portés sur des pays occidentaux.

Sur des terrains africains, l'éducation communautaire et la transmission des savoirs locaux ont été étudiées depuis longtemps (notamment par Erny, 1971 ; Rabain, 1979 ; Lallemand,

1985). L'éducation scolaire, elle, a été abordée par des travaux pionniers en histoire (Bouche, 1975), en sociologie (Martin, 1971 ; Lange et Martin, 1995 ; Lange, 2001 et 2003), en démographie (Pilon et Yaro, 2001), en sciences politiques (Bianchini, 2004) et en économie (Henaff, 2003, 2006). Ces travaux ont montré le rôle majeur de l'école dans les transformations sociales au Sud. Ils ne se sont pas attachés particulièrement au rôle des savoirs dans ces mutations, mais en interrogeant l'offre et la demande d'éducation, ils ont ouvert un espace de réflexion sur les politiques éducatives, leurs normes, leurs implications sociétales (Lange, 2001, 2003)[5] ; ainsi que sur les représentations variées de l'école, les contraintes et les stratégies familiales, la diversification des acteurs de l'éducation. Ils ont également abordé les questions majeures de la scolarisation en Afrique aujourd'hui : les défis économiques et démographiques, les relations entre éducation et pauvreté, la qualité de l'éducation, les finalités assignées à la scolarisation. Le présent ouvrage y fera régulièrement référence. Plus récemment, les acquis des élèves et la « qualité » de l'éducation en Afrique ont été abordés par des travaux d'économistes (Bourdon, 2007 ; Altinok 2006 ; Mingat 2006 ; Michaelowa, 2000) qui questionnent rarement le choix des savoirs. Certains travaux de sciences de l'éducation concernent aussi la pédagogie et l'andragogie en Afrique, en particulier les approches par les compétences (APC). Les approches par les compétences (« approche par les compétences », « pédagogie situationnelle », « approche par résolution de problèmes », « pédagogie de l'énigme », etc.) se rejoignent généralement autour d'une recherche de savoirs utiles en situation complexe (vie quotidienne, vie professionnelle). La plupart du temps, les APC ne font pas explicitement référence aux savoirs locaux, mais la compétence censée être construite à l'école fait en partie appel à des savoirs que les élèves ont préacquis en dehors de l'école et qu'ils devront réutiliser ensuite

5. Les écrits concernant les politiques publiques éducatives sont rares (Lange, 2002). Les écrits des politologues concernent généralement plus globalement la constitution des États africains et leur fonctionnement contemporains (Badie, 1992 ; Bayart, 1981, 1999 ; Hibou, 1999 ; Copans, 2003 ; Blundo et Le Meur, 2009, etc.).

quel que soit le moment de leur sortie du système scolaire. Les APC, qui se diffusent aujourd'hui en Afrique (Tunisie, Sénégal, Burkina Faso...), sont surtout documentées par des travaux d'experts ou de chercheurs en situation d'expertise (Rogiers, 2000 ; De Ketele, 2000 ; Joannert *et al.*, 2009). Elles sont rarement critiquées, sauf dans quelques ouvrages notables qui ne traitent pas la question spécifique des savoirs locaux (Ropé et Tanguy, 1994 ; Bernard *et al.*, 2007). Sur les savoirs scolaires et leurs rapports aux savoirs locaux en Afrique subsaharienne, on remarque néanmoins depuis les années 1980 des écrits notables : Santerre et Mercier-Trembley (dir.), 1982 ; Fitouri, 1983 ; Vellard, 1988 ; Fortier, 1997 ; Bonini, 1996 ; Quenum, 1998, Calvet (dir.), 1991 ; Ouédraogo, 1997 ; Tourneux et Iyebi-Mandjek, 1994 ; Tourneux, 2009 et 2011 ; Fall, 2002 ; Gérard, 1997 et 1999 ; Schlemmer, 2009. Émanant d'anthropologues, de sociologues et de linguistes, ces textes apportent des éléments importants auxquels l'ouvrage fera référence, mais ils ne décryptent pas ou peu les politiques développées aujourd'hui mondialement sur les questions curriculaires.

Ces politiques, sont en revanche, légitimées par de multiples écrits institutionnels sur les rapports savoirs locaux-écoles. Ces textes ont été souvent produits à partir de la question environnementale : en 1992, la convention de Rio, premier texte international à prôner la « préservation des connaissances autochtones », marque symboliquement le début de l'action et de la réflexion des organisations internationales sur ce thème. Cette dynamique prend son origine à la fois dans le constat d'échec du modèle néolibéral de gestion des ressources naturelles ; et dans la haute valeur économique des savoirs locaux sur la nature (comme en témoigne par exemple la lutte de l'Organisation mondiale de la propriété intellectuelle – OMPI – contre la « biopiraterie »). À la fin des années 1990, ces écrits institutionnels commencent à interroger le rôle de l'école pour la « conservation » des savoirs locaux. L'Organisation des nations unies pour l'éducation, la science et la culture (UNESCO) met en place en 1996 un programme de préservation des savoirs traditionnels et développe à partir de 2002 un programme dénommé LINKS

« Systèmes de savoirs locaux et indigènes » qui prône, entre autres, la valorisation des savoirs locaux et des langues nationales dans le système scolaire. En 1998, la Banque mondiale – aujourd'hui premier bailleur de fonds de l'éducation à l'échelle internationale – devient le chef de file des partenaires techniques et financiers sur la question des savoirs locaux : elle sollicite des expertises de chercheurs de rang international sur le thème des *traditional knowledge*, crée une banque de données internationales de savoirs locaux et prône leur usage à l'école. Des écrits scientifiques décryptent les processus de restructuration des savoirs locaux comme la logique de « double conservation biologique et cognitive » décrite par Dumoulin (2007) ou comme les procédés de déconnexion et morcellement des bases de données sur les savoirs locaux (Agrawal, 1995a, 1995b, 2002). Mais ils ne se sont attelés qu'exceptionnellement (Sundar, 2002) aux sphères de l'éducation et de la formation qui concernent pourtant désormais la majorité de la population mondiale.

Politiques éducatives au Sud : examiner des enjeux socio-cognitifs multiscalaires

Avec l'accélération des échanges mondiaux, les politiques publiques de tous les pays sont davantage soumises qu'auparavant à des influences exogènes (Delpeuch, 2008), ce qui augmente considérablement le nombre et le type d'acteurs qui peuvent s'impliquer dans l'éducation d'un État. Ce phénomène s'est accru depuis les années 1990 pour les pays d'Afrique subsaharienne. En effet, les États, déjà fragilisés par des crises politiques et économiques, ont augmenté leur dépendance vis-à-vis de l'aide extérieure notamment en raison de leur expansion démographique. L'Organisation des Nations unies note ainsi que « le nombre de nouveaux instituteurs dont aura besoin l'Afrique subsaharienne d'ici 2015 équivaut à la totalité du corps professoral actuel de la région » (ONU, 2010, p. 17) alors que les finances publiques des pays concernés sont loin d'augmenter en proportion. Cette dépendance accrue vis-à-vis des financements extranationaux coïncide avec la formalisation à l'échelle internationale de politiques mondiales d'éducation (politiques d'éducation pour tous EPT) étroitement corrélées à un « nouveau » paradigme de développement succédant aux programme d'ajustement structurels (PAS) : les politiques de « lutte contre la pauvreté ».

La question qui se pose alors est de savoir de quelle manière les pays africains agissent face à ces politiques éducatives internationales : comment ils négocient et cherchent à les influencer à la fois dans leurs déclinaisons pratiques et dans leurs normes, tout particulièrement en ce qui concerne leur traitement des savoirs locaux et des modes de pensée endogènes. Quels sont les acteurs qui entrent en jeu, à quelles échelles et selon quelles modalités ? Quels savoirs maîtrisent en définitive les populations ? Le présent ouvrage propose d'examiner ces questions à la lumière d'une approche que nous qualifierons de « sociocognitive » des politiques éducatives. Il ne s'agit pas, en effet, ici de réaliser une application au Sud des approches cognitives des politiques publiques (ACPP) développées par des auteurs reconnus (comme Surel, 1998 ou Muller, 1996, 2000, 2005)[6]. L'ouvrage cherche plus modestement à partager le point de vue selon lequel les politiques publiques nationales ou internationales et leurs effets se saisissent mieux quand on s'intéresse aux normes et aux univers cognitifs qui les sous-tendent : « les politiques publiques doivent être analysées comme des processus à travers lesquels vont être élaborées les représentations qu'une société se donne pour comprendre et agir sur le réel tel qu'il est perçu » (Muller, 2009, p. 58)[7]. Nous ferons appel pour

---

6. Les approches cognitives des politiques publiques ont fait l'objet de nombreux travaux sur des terrains au Nord (Sabatier et Schlager, 2000 ; Draelants et Maroy, 2007 ; Magnez, 2007), mais peu sur des terrains africains (Enguéléguélé, 2008 ; Eboko, 2005) et exceptionnellement en matière éducative en Afrique (Lanoue, 2004).
7. Voir aussi à ce sujet : Bourdieu, 1994, p. 128, Bourdieu et Boltanski, 1976 ; Bourdieu, 1980, 1981a, 1981b ; Bourdieu et Wacquant, 2000.

cela à différents outils de sociologie, d'anthropologie et de sciences politiques. L'objectif du livre est de mettre en exergue quelques-uns des acteurs qui participent à l'élaboration des normes éducatives, quels sont les contours de ces normes vis-à-vis des savoirs locaux ; et de quelles manières leurs déclinaisons pratiques modifient les usages des différents savoirs par les anciens apprenants. Le texte analyse la manière dont les acteurs font des usages sociaux et politiques des savoirs, mais aussi la façon dont ils développent grâce à ces savoirs des processus cognitifs indépendamment des rapports de force. En effet, si les savoirs mobilisés dans une société sont liés aux matrices cognitives et normatives principalement construites par des groupes dominants, on ne peut pas réduire pour autant les processus cognitifs à ces jeux de pouvoir (Grignon et Passeron, 1989).

Les politiques éducatives constituent, en effet, un formidable espace de légitimation de certains savoirs. Les contenus scolaires sont sélectionnés à partir de savoirs scientifiques, de savoirs locaux savants, d'idéologies et de représentations. Examiner les dimensions socio-cognitives des politiques éducatives permet de montrer que cette sélection s'opère en fonction de normes (modes de valorisation du réel) qui semblent « universelles » et « atemporelles », mais qui appartiennent en réalité à un univers cognitif évolutif construit principalement par des groupes dominants (la *doxa* bourdieusienne). Comme le montre Muller (2005), ces normes conditionnent, en effet, la définition (i) des problèmes à résoudre, (ii) des liens de causalité, (iii) des solutions, et (iv) des outils de mesures. Par exemple, une institution peut définir que (i) le problème principal en Afrique est la pauvreté, (ii) qu'elle est due à un manque de croissance économique lié – dans le secteur éducatif – à un manque de personnes compétentes en adéquation avec le marché, (iii) qu'il faut donc – en matière curriculaire – réviser les contenus scolaires pour qu'ils diffusent surtout des savoirs facilement utilisables en milieu professionnel (par exemple une association de connaissances technologiques et de savoirs locaux sélectionnées sous un angle pragmatique) et (iv) que l'on pourra mesurer le succès de la politique par exemple avec l'évolution des taux de scolarisation, de chômage et de croissance. Les définitions de ce type, qui ont un impact important sur les réformes éducatives, varient selon les acteurs dominants sur une question à une époque donnée. La problématique des savoirs à transmettre aux générations futures est suffisamment stratégique pour que différents groupes sociaux cherchent à capter la légitimité de produire, de diffuser et d'appliquer ces définitions.

Les politiques ont été analysées pour les enquêtes selon les quatre étapes que suivent généralement les savoirs scolaires : (1) leur élaboration par les décideurs internationaux et nationaux, (2) leur transcription dans des outils pédagogiques, (3) leur transmission en classe et (4) leur mobilisation quotidienne par les anciens élèves. La première étape, l'élaboration des curricula officiels, fait aujourd'hui entrer en jeu dans les pays africains des acteurs aussi divers que des agents d'organisations internationales, des experts, des agents de l'État, des chercheurs, des cadres d'Organisations non gouvernementales (ONG)[8], des syndicats ou encore des responsables religieux. Cette étape de négociation aboutit à une définition officielle des savoirs à transmettre en milieu scolaire (curricula formel). Elle est particulièrement importante pour la reconnaissance effective ou non des savoirs locaux. Ces savoirs scolaires sont ensuite interprétés, déployés et provisoirement figés dans des outils pédagogiques non seulement par les auteurs des manuels (enseignants, inspecteurs, consultants, professeurs d'université, cadres d'ONG...), mais aussi indirectement par des directeurs de maisons d'éditions et des bailleurs de fonds qui financent les outils pédagogiques. Ici, les savoirs locaux pressentis pour être transmis à l'école connaissent un profond brassage pour y être adaptés. La transmission des savoirs en classe constitue ensuite un moment crucial de relecture des savoirs au cours de

8. Le terme d'ONG désigne ici des Organismes de la société civile (OSC) de pays du « Nord » comme du « Sud » qui fonctionnent sous le régime associatif (même s'ils n'ont pas toujours le statut juridique d'ONG) et qui gèrent des projets dits de « développement », notamment grâce à des subventions. En sont ici exclus des organismes comme les associations de parents d'élèves (APE), les syndicats, les groupements paysans peu formalisés, etc.

l'interaction entre le maître et les élèves dans des situations sociales d'enseignement très variées (curricula réel). En milieu rural, ces situations font intervenir aussi parfois des directeurs d'écoles, des inspecteurs, des parents d'élèves, des chefs de village, des animateurs d'ONG, etc. Cette étape peut notamment évincer ou au contraire réintroduire certains savoirs locaux dans la transmission. Enfin, les anciens élèves sélectionnent et réinterprètent les savoirs scolaires pour les mobiliser dans leur vie quotidienne au sein de leurs familles et de différents milieux sociaux (professionnels, religieux, politiques, etc.). C'est le temps crucial qui révèle les types de savoirs locaux finalement utilisés, qu'ils aient transité ou non par un apprentissage scolaire. Les différents acteurs qui se succèdent sont susceptibles d'influencer l'effet des politiques curriculaires à des degrés et selon des modalités différentes tout au long du processus, en particulier sur la prise en compte des savoirs locaux. Malgré l'hétérogénéité de leurs pouvoirs, ils participent chacun à leur manière à l'impossibilité d'une imposition des politiques en les renégociant de façon directe ou en les détournant dans leurs pratiques.
L'ouvrage s'intéresse à l'éducation de base car c'est le niveau qui est le plus développé et qui évolue le plus rapidement en termes de transmission de savoirs. Il comprend les écoles primaires formelles publiques ou privées comptabilisées dans les taux de scolarisation, ainsi que les écoles non formelles et les centres d'alphabétisation. Ne sont présentés ici que trois des dispositifs éducatifs étudiés, ceux qui sont les plus importants quantitativement et qui représentent le mieux la diversité des modes d'accès à l'instruction de base en milieu rural (non musulman) : les écoles publiques, les écoles bilingues d'ONG et les centres d'alphabétisation.

Les enquêtes : Dakar comme nœud stratégique, le Burkina comme cas idéal-typique

L'ouvrage présente une analyse des dynamiques depuis le niveau international et le niveau sous-régional, jusqu'aux échelles nationales et locales. L'international et le sous-régional sont traités à partir de matériaux récoltés dans différents programmes de recherche à Dakar, carrefour ouest-africain des politiques internationales où les experts de toutes origines tissent des liens, font circuler des savoirs et des positionnements pour la sous-région. Les étapes nationales et locales sont examinées à partir du Burkina Faso, exemple idéal-typique d'une transition éducative et cognitive accélérée. Le choix d'une étude de cas plutôt que d'une comparaison entre plusieurs pays permet d'aller jusqu'au niveau micro-local et de prendre la mesure du système de pensée qui structure les savoirs locaux dans une aire donnée. Ce matériau a déjà fait l'objet d'une thèse de doctorat à l'EHESS de Paris et à des publications (Lewandowski, 2012, 2011a, 2011b, 2008a, 2008b, 2007a, 2007b, 2007c, 2007d, 2006, 2004 ; Baux et Lewandowski, 2009 ; Lewandowski et Niane, 2013), mais l'ouvrage présente ici des données principalement inédites.

Le Burkina représente un cas intéressant à double titre : tout d'abord, c'est l'un des pays les moins scolarisés du monde[9] et les acteurs chargés de transmettre des savoirs locaux dans les systèmes d'éducation communautaires sont particulièrement dynamiques. C'est également un État fortement influencé par des acteurs exogènes (organisations internationales, ONG) : l'aide publique au développement (APD) représentait 15 % du PNB du Burkina en 1998 (Sindzingre, 2003, p. 273). Il existe

9. En 2000-2001, le Burkina Faso ne parvenait pas à scolariser la moitié de ses enfants à l'école primaire : le TBS du primaire burkinabè était de 42,7 %. Le taux brut de scolarisation au secondaire (général) était de seulement 11,1 % en 1999, le taux brut de l'enseignement supérieur était de 0,8 % en 2000 et celui du préscolaire de 1,4 % en 2001 (Pilon, 2004, p. 144). Le TBS du primaire a rapidement augmenté pour atteindre déjà 78 % en 2008 (UNESCO-ISU, 2010).

ainsi au Burkina Faso une multipolarisation accentuée entre divers modèles. L'analyse des curricula formels et des outils pédagogiques a été menée dans les cercles de décision de la capitale burkinabè ; tandis que la transmission en classe et la mobilisation par les apprenants ont été observées dans la province de la Gnagna. Cette province isolée représente une sorte de laboratoire pour étudier les changements éducatifs car son taux de scolarisation est à la fois l'un des plus faibles du pays (deux enfants sur dix vont à l'école) et l'un de ceux qui augmentent le plus rapidement (sous l'impulsion des politiques prioritaires de l'EPT, le nombre d'écoles publiques a pratiquement doublé entre 2002 et 2006). En outre, la population appartenant à plus de 90 % à une même société et à une même aire linguistique (gourmantchée), cette province présente une relative cohérence concernant les savoirs locaux et le système socio-cognitif qui les sous-tend. Il existe une soixantaine de langues au Burkina Faso : le gourmantché y est la seconde langue la plus parlée après le moré. Le choix d'un milieu rural est important car ce milieu reste celui où la majorité de la population ouest-africaine réside, d'une part ; et où les savoirs locaux sont les plus dynamiques, d'autre part.

Le matériau de l'étude de cas est constitué par 206 entretiens qualitatifs formels ; des archives et des documents concernant les réformes éducatives ; des statistiques scolaires officielles ; six programmes scolaires des classes du primaire actuel, du bilingue et du non-formel ; un manuel scolaire du primaire actuel, quatre livrets pédagogiques bilingues, 106 contes oraux recueillis dans les villages ; un questionnaire auprès d'une centaine d'enseignants ; 83 observations formelles (dont 50 pour les classes, 23 pour les pratiques de conte, et 10 de situations pédagogiques diverses avec environ 150 photos) et 12 biographies. Les données sur les niveaux internationaux et sous-régionaux proviennent d'observations participantes auprès des décideurs, des opérateurs et des mouvements sociaux (comités de directions des programmes éducatifs décennaux, réunions de la CONFEMEN, rencontre des bailleurs de fonds, *fora* et assemblées citoyennes comme le Forum social mondial de Dakar en 2011, réunions d'ONG, rencontres de partis politiques, etc.) ; ainsi que de 43 entretiens auprès d'élites (agents étatiques, cadres d'ONG, leader religieux, bailleurs de fonds, experts, chercheurs, etc.). Au-delà de ces matériaux recensés, le livre s'appuie sur une situation d'immersion de cinq années en milieu rural burkinabè isolé et de quatre ans à Dakar. Qu'il s'agisse d'agriculteurs ou d'élites transnationales, l'observation participante non quantifiée (Pétonnet, 1982) prend tout son sens dans ce contexte d'immersion à des niveaux clefs de la chaîne d'acteurs.

L'ouvrage propose au lecteur de commencer par pénétrer dans les écoles de village à l'heure des politiques d'éducation pour tous (chapitre 1), pour ensuite suivre les savoirs locaux à l'école : les enjeux internationaux et nationaux dont ils font l'objet (chapitre 2), la manière dont ils sont traités en classe (ignorance, instrumentalisation, renforcement) (chapitre 3) ; et la façon dont ils sont conciliés avec des savoirs scolaires dans les pratiques quotidiennes des anciens élèves (chapitre 4).

1

L'instruction au village à l'heure des politiques d'Éducation pour tous

« *Les pays pauvres – et les individus pauvres – sont différents des riches non seulement parce qu'ils disposent d'un capital inférieur, mais également parce qu'ils jouissent de moins de savoirs* ».

Banque mondiale (1999, p. 4)

L'élaboration des politiques Éducation pour tous (EPT) a été l'occasion pour certaines institutions internationales comme la Banque mondiale, aujourd'hui principal bailleur de fonds en éducation, de refonder une manière d'envisager l'éducation et le développement, mais aussi de proposer des méthodes de pilotage des systèmes scolaires selon une approche de *benchmarking*[1] qui prend peu en compte les spécificités de chaque

1. La technique de *benchmarking* (étalonnage), créée à l'origine dans le milieu des entreprises en vue d'une recherche de compétitivité, a été appliquée dans de nombreux domaines. Dans celui des politiques

pays (Altinok, 2005). Le présent chapitre montre comment les politiques élaborées par des cadres et des experts internationaux ou nationaux sont aujourd'hui mises en œuvre dans des villages relevant de structures sociales fort différentes de celles des décideurs. Après avoir présenté quelques éléments saillants des politiques scolaires actuelles et de la société rurale gourmantchée, ce chapitre décrira l'insertion des écoles au village.

Politiques internationales et restructuration des systèmes éducatifs nationaux

Les systèmes scolaires ouest-africains présentent la particularité d'avoir subi une forme d'extraversion originelle avec l'importation des écoles coraniques lors des mobilités arabo-musulmanes et l'implantation des écoles françaises, anglaises et portugaises par les colons. Après les indépendances, de nombreux mouvements panafricanistes et nationaux ont cherché à reconstruire les fondements sociopolitiques locaux de la scolarisation, mais ces derniers doivent de plus en plus composer aujourd'hui avec les politiques des bailleurs de fonds extérieurs et l'émergence de nouveaux acteurs privés de l'éducation.

Les politiques internationales : l'équation éducation-« lutte contre la pauvreté »-croissance

Depuis les années 1990, une nouvelle façon de penser le développement, formulée désormais en termes de « lutte contre la pauvreté » s'est formalisée à l'échelle internationale. Quatre-vingt-dix pays dans le monde ont déjà élaboré un Document

---

éducatives, elle consiste à faire une analyse comparative des systèmes scolaires de différents pays pour identifier les systèmes les plus « performants » et les « bonnes pratiques » qui ont permis ces performances, pour ensuite les transposer dans les pays les moins bien classés.

stratégique de réduction de la pauvreté (DSRP). À l'origine, ces documents servaient de cadre aux prêts concessionnels et d'allégement de la dette du FMI et de la Banque mondiale ainsi qu'à l'Initiative en faveur des pays très endettés (PPTE). Mais ces textes sont souvent devenus le principal outil de pilotage des États africains pour centraliser leurs orientations stratégiques et leurs programmations dans tous les secteurs. Les politiques de « lutte contre la pauvreté » ont ainsi pris une place considérable dans la façon de réfléchir et d'organiser les politiques publiques en Afrique. Elles succèdent aux programmes d'ajustement structurels (PAS) en y ajoutant l'amélioration de l'accès aux services sociaux de base (éducation, santé) et en reformulant la participation de la « société civile » à la construction des programmes (Daffé, 2008). Le contexte théorique de ces modifications, (toujours en lien étroit avec un objectif prioritaire de croissance), ainsi que l'histoire de leurs mises en œuvre suggèrent que la rupture avec les PAS est en fait toute relative de telle sorte que ces politiques semblent chercher à « tout changer pour que tout reste pareil » (Cling, Razafindrakoto, Roubaud, 2003, p. 1). La participation des plus pauvres à l'élaboration des politiques est censée être réalisée de plusieurs manières : grandes enquêtes « d'évaluation participative de la pauvreté » (*Participatory Poverty Assessment* PPA), élaboration concertée des Documents stratégiques de réduction de la pauvreté (DRSP) nationaux, mise en place d'outils de suivi qui prennent en compte la « voix des pauvres » ; mais elle a rarement été effective dans les pays subsahariens (Razafindrakoto et Roubaud, 2002). Au Burkina Faso, par exemple, les différents outils de « participation » du cadre stratégique de lutte contre la pauvreté (CSLP) de 2003 n'ont pas visé une élaboration concertée des politiques, mais plutôt une « *appropriation* par les acteurs des programmes et politiques du développement » (MED, 2003, je souligne).

Dans le domaine de l'éducation, les politiques de lutte contre la pauvreté pensent l'éducation dans un double objectif de croissance et de limitation des situations les plus sensibles de pauvreté. Cette manière d'utiliser l'éducation, réduite à la scolarisation, dans un objectif essentiellement économique est sous-tendue par la théorie néoclassique du capital humain. Cette approche, utilisée par la Banque mondiale, considère que le capital humain est un facteur essentiel de la productivité à ajouter au capital physique en vue de la croissance. Selon ce courant, le rendement privé de la formation est globalement plus important que le rendement social. Cette conception, qui a été remise en cause par d'autres études sur les externalités (Henaff, 2006), incite à définir le rôle de l'État comme celui d'un gestionnaire (Lewandowski, 2008b) : alors que les PAS recherchaient un État minimal, les politiques de lutte contre la pauvreté proposent plutôt d'utiliser l'État comme un « fournisseur de biens publics tels que la stabilité macroéconomique et un cadre d'incitation favorisant la croissance » (Sindzingre, 2003, p. 274). Sous couvert de nécessités présentées comme techniques – développer des conditions favorables à la croissance – cette nouvelle « gouvernance » permet aux organisations financières internationales de pénétrer l'ensemble des secteurs, y compris l'éducation et la politique (Osmont, 1998). En matière éducative, l'État doit assurer la bonne répartition des efforts selon le type de gains espérés dans les différentes formations. Le financement de celles-ci doit être réparti entre, d'une part, l'État et ses bailleurs, en raison des externalités surtout pour l'éducation primaire, et d'autre part, la « société civile », par exemple les entreprises pour la formation professionnelle, les individus qui payent des écoles privées en particulier pour le secondaire et le supérieur, les ONG qui financent des écoles alternatives pour les plus démunis, etc. La répartition des coûts de scolarisation entre l'État et les autres entités est organisée selon un nouveau mode de gouvernance éducative où la scolarisation est pensée non comme une mission étatique, mais comme une « responsabilité sociale » (Lange, 2001 ; Altinok et Lakhal, 2007). Elle est officiellement répartie dans un triptyque partenarial entre l'État, les bailleurs et la « société civile » (Cling, Razafindrakoto, Roubaud, 2002) dont nous allons voir les connivences plus bas.

Cette conception spécifique de l'éducation comme outil de promotion de la croissance et de lutte contre la pauvreté dont la responsabilité est à répartir entre différentes entités a été adoptée pour les Objectifs du millénaire dédiés à la lutte contre la pauvreté (second OMD : « assurer l'éducation primaire pour tous », 2000), ainsi que par la Conférence de Jomtien (1990) et le Forum de Dakar (2000) qui ont lancé les politiques d'EPT. Cette adoption résulte du poids de certaines instances dans ces rencontres (organisations internationales ou régionales et gouvernements néolibéraux) et de leur capacité à utiliser une rhétorique qui puisse satisfaire également des organismes dont l'approche sociopolitique est traditionnellement différente, comme le milieu associatif par exemple. Elle est également due à une situation inédite, propre aux décennies 1990 et 2000. Le principe de scolariser tous les enfants au primaire (scolarisation primaire universelle prôné par les politiques d'EPT) a, en effet, été ratifié progressivement par la plupart des États subsahariens à une époque de croissance démographique et de crise économique : les États et leurs « partenaires » ont ainsi été confrontés à un problème inégalé jusqu'alors de financement de la scolarisation. Cette situation a renforcé la dépendance financière des États subsahariens vis-à-vis des bailleurs de fonds. Elle a favorisé les solutions néolibérales de répartition des coûts entre différents acteurs, d'une part, et une réduction drastique des coûts unitaires de formation, d'autre part. La réduction des coûts unitaires de formation publique a été recherchée par différents moyens. Les plus notables sont l'organisation des cohortes d'élèves et la baisse des coûts des enseignants. De nombreux pays ont ainsi mis en place pour le primaire des « classes multigrades » (classes comprenant plusieurs niveaux scolaires, par exemple, au Burkina Faso, CP_1 et CP_2[2]), en milieu rural où les effectifs des élèves sont faibles ; des « classes double-flux » (classes qui n'ont cours que le matin pour laisser la salle disponible l'après-midi à une autre classe d'un même niveau), surtout mises en place en zone urbaine, déficitaire en infrastructures scolaires au regard des effectifs. Ces dispositifs ont pris de l'ampleur notamment au Burkina Faso. La réduction des coûts des enseignants a été recherchée, elle, en modifiant le statut des

2. Au Burkina Faso, il existe 6 classes dans les écoles primaires publiques en français : CP_1, CP_2, CE_1, CE_2, CM_1, CM_2.

fonctionnaires (conditions de recrutement, de formation et de traitement) et en développant le recrutement d'enseignants contractuels et volontaires à grande échelle (Mingat et Suchaut, 2000). Au Burkina Faso par exemple, la part du salaire des enseignants dans le budget du ministère de l'Éducation de base et de l'Alphabétisation (MEBA) est passée de 94 % à 86,7 % en seulement deux ans de 1990 à 1992 (Sanou, 1999). Divers pays comme le Sénégal, après avoir adopté ces politiques de réduction de coûts à grande échelle, ont été progressivement contraints de les abandonner ou de les réaménager, notamment en raison de forts mouvements syndicalistes enseignants.

Mais l'objectif de scolarisation universelle à l'école primaire à la plus brève échéance possible reste très présent chez les bailleurs de fonds et certains agents nationaux. Dans la plupart des pays d'Afrique de l'Ouest, la recherche d'augmentation des taux de scolarisation (en particulier, des taux bruts de scolarisation et d'achèvement de l'école primaire) prime sur les mesures d'acquisition ou d'insertion socioprofessionnelle post-scolaire. Ce développement quantitatif accéléré de la scolarisation se réalise au détriment de l'homogénéité de la qualité de l'instruction. La qualité est généralement peu et mal mesurée, en dehors de dispositifs comme le Programme d'analyse des systèmes éducatifs (PASEC) de la Conférence des ministres de l'Éducation nationale des pays et gouvernements ayant le français en partage (CONFEMEN). Bien souvent, à défaut de ce type d'outils de mesure, les résultats aux examens nationaux servent d'approximation de mesure de qualité : ils révèlent déjà de grandes disparités entre les différents types d'écoles. Les écoles formelles (prises en compte dans les TBS et les TNS) comprennent les écoles publiques (en français ou bilingues, français-langue nationale) et les écoles privées reconnues par l'État (qu'elles soient laïques, chrétiennes ou musulmanes et qu'elles soient gérées par des particuliers, des ONG ou des institutions religieuses). Elles ont un niveau très hétérogène. Les écoles non formelles (comptabilisées seulement dans les taux d'alphabétisation) comprennent tous les dispositifs qui ne donnent pas accès au Certificat d'étude primaire (CEP) : les écoles alternatives (écoles satellites, écoles communautaires, etc.), les centres de formation professionnelle, les centres d'alphabétisation, etc. Les écoles illégales (recensées dans aucune statistique nationale) fonctionnent comme des écoles formelles jusqu'au CEP, mais n'ont reçu aucune accréditation de l'État et sont souvent inconnues de ses services. Quant à l'éducation informelle (également non comptabilisée), elle correspond à l'éducation familiale et communautaire qui n'est pas reconnue juridiquement, mais dont certaines formes se rapprochent des dispositifs non formels, comme les ateliers d'apprentissage familiaux, par exemple. Afin de joindre les efforts de tous les acteurs de l'éducation pour accroître rapidement les taux de scolarisation, les politiques d'EPT encouragent la diversification des dispositifs au sein des secteurs formel et non formel. Mais cette option peut favoriser des inégalités sociales d'accès à une instruction de bon niveau, comme c'est le cas au Burkina Faso.

Le Burkina Faso, « bon élève » du FMI et de la Banque mondiale

Au Burkina Faso, comme dans la plupart des autres pays ouest-africains, l'école ne se développe durant la colonisation qu'à la mesure des besoins de cette dernière : le taux brut de scolarisation (TBS) n'était que de 6,5 % lors de l'indépendance de la Haute-Volta en 1960 (Yaro, 1994). À partir des années 1960 et 1970, les taux de scolarisation font plus que doubler, mais restent faibles : le TBS monte à 15,8 % en 1980 (Pilon, 2004). Les niveaux, parfois quasi inexistants auparavant, du secondaire ou du supérieur, se développent : sont créées ainsi des universités ouest-africaines, puis des universités nationales dans les années 1970 (Ouagadougou) et enfin des universités régionales comme à Bobo-Dioulasso (en 1996). Dans les années 1980, la plupart des pays ouest-africains connaissent un phénomène de déscolarisation, notamment pour des causes démographiques (accroissement de la population scolarisable), économiques (dette) et politiques (baisse des efforts bilatéraux, programmes d'ajustements structurels) (Lange, 1991). Ce phénomène n'est pas ressenti au Burkina Faso où la révolution sankariste (1983-1987) parvient à doubler pratiquement le taux brut de scolarisation qui passe de 15,8 % en 1980 à 30 % en 1990 (Pilon, 2004). Les années 1990 marquent ensuite une reprise de la scolarisation dans l'ensemble de l'Afrique de l'Ouest impulsée par les politiques d'éducation pour tous et la « lutte contre la pauvreté ». L'existence d'une offre scolaire formelle privée a été depuis l'origine une stratégie pour compléter l'action étatique, bien qu'elle n'ait pas revêtu les mêmes enjeux aux différentes périodes. En 1960, presque la moitié des élèves voltaïques scolarisés étaient dans des écoles privées (40,7 %) presque exclusivement catholiques (Pilon, 2004). En 1969, l'étatisation de toutes les écoles primaires privées catholiques réduit l'enseignement privé à 2,8 % des scolarisés en 1970 et cette représentation restera faible (moins de 10 %) jusqu'à la fin des années 1990. À partir de ces années, le privé se développe davantage : en 2009-2010, il représente 14 % des 2 millions d'enfants burkinabè du primaire (INSD, tableau 5.19, site Internet : http://www.insd.bf/fr/, consulté le 13 mai 2011). Les écoles laïques deviennent les plus importantes (40 % des écoles privées en 2006-2007), suivies par les écoles franco-arabes et *médersas* (39 %) et les écoles chrétiennes (21 %) (Pilon et Yaro, 2007). Les écoles laïques sont des écoles privées de petites entreprises individuelles et d'ONG. Les écoles d'entreprises sont implantées essentiellement dans les grands centres urbains au niveau du primaire, du secondaire et du supérieur. Les écoles d'ONG, elles, sont présentes surtout à la campagne et concernent essentiellement l'éducation de base. L'accroissement des effectifs à tous les niveaux d'enseignement s'explique en partie par le développement du secteur privé (RESEN, 2010).

En effet, depuis la dernière décennie, une partie de l'élite burkinabè (agents de l'État, cadres d'ONG, experts) située aux interfaces des relations avec les bailleurs adhère à la conception de l'éducation développée par les politiques internationales. Le cadre stratégique de lutte contre la pauvreté (CSLP) déclare qu'il y a « *urgence de mettre l'accent sur le développement du capital humain en quantité et en qualité car il est démontré qu'un gain d'une année de scolarisation additionnelle peut se traduire par un gain de 3 à 4 points de pourcentage de Produit intérieur brut* » (MED, 2003, p. 64). Cette approche est loin de celle des grandes réformes éducatives comme celle du Dossier initial (1976), de l'appel de Goa (de Thomas Sankara en 1986) qui avaient davantage associé les questions économiques à des objectifs de restructuration sociale et politique. Thomas Sankara a dirigé le pays de 1983 à son assassinat en 1987 lors de la prise de pouvoir de l'actuel président Blaise Compaoré. Durant son régime « révolutionnaire », Sankara applique une politique de scolarisation volontariste que Bianchini qualifie d'« auto-ajustement », « dans le sens d'une limitation des dépenses salariales, allant de pair avec une augmentation des effectifs scolarisés » (Bianchini, 2004, p. 204), mais assigne aussi à l'école un rôle de désaliénation culturelle et de construction d'une collectivité nationale (Burkina Faso, 1986). La loi d'orientation de l'éducation (1996) qui fait suite aux États généraux de l'éducation (1994) marque symboliquement l'entrée du Burkina Faso dans les politiques néolibérales d'éducation. Elle entérine, entre autres, la recherche de réduction des coûts de formation, ainsi que le fonctionnement en triptyque partenarial avec la privatisation d'une partie du système et l'accent mis par les financements publics sur le primaire au détriment du secondaire et du supérieur. Le Plan décennal de développement de l'éducation de base (PDDEB, 2001-2010) met en œuvre cette politique. Il est largement financé par l'extérieur : pour 2006, son budget prévisionnel prévoit comme ressource 720 milliards de francs CFA dont 36 % de financement extérieur (19 % de subventions et 17 % de prêts) (MEBA, 2005g, p. 18). C'est le premier plan qui coordonne sur une longue durée l'ensemble des bailleurs autour d'une même politique et qui relie à si grande échelle l'éducation formelle et non formelle. Ses quatre objectifs-programmes sont formulés de la sorte : 1/« *expansion de l'éducation de base et réduction des disparités entre genres, entre régions géographiques et entre situations socio-économiques des élèves* », 2/« *amélioration de la qualité et de la pertinence de l'éducation de base et diversification des formules d'éducation de base (écoles satellites, centres d'éducation de base non formelle, écoles franco-arabes modernisées, centres d'alphabétisation des petits)* », 3/« *intensification et amélioration de la qualité des actions d'alphabétisation* », 4/« *amélioration des capacités de planification et de gestion du système* » (MEBA, 2001). Les objectifs quantitatifs sont importants et les capacités de gestion doivent être améliorées, avec notamment la décentralisation et la coordination des interventions extérieures et privées. Les initiatives privées sont encouragées « afin qu'à terme 20 % des élèves soient scolarisés dans le privé » (MEBA, 2001). La « qualité » de l'école est principalement associée au caractère fonctionnel d'un savoir applicable hors de l'école pour une modification rapide des conditions de vie des populations.

Les effets positifs quantitativement du plan burkinabè se sont fait ressentir plus fortement qu'ailleurs. Pour l'Afrique subsaharienne, le taux d'alphabétisation des adultes (15 ans et plus) est passé de 53 % en moyenne dans les années 1985-1994, à 62 % dans les années 2000-2007. Tandis que le taux d'alphabétisation burkinabè, lui, a pratiquement doublé les 16 dernières années : il partait de seulement 14 % en 1991 et a atteint 29 % en 2007. Mais ce taux reste très nettement inférieur à la moyenne subsaharienne : 7 adultes burkinabè sur 10 sont encore analphabètes en 2007 (UNESCO, EPT, 2010, p. 107 et 172). Le TBS primaire du Burkina reste également nettement en dessous de la moyenne de l'Afrique subsaharienne : le TBS primaire du Burkina Faso est passé de 44 % en 1999 à 73 % en 2008 et le TNS est passé de 35 % à 60 % aux mêmes dates (UNESCO-ISU, 2010) alors qu'en 2008, le TBS de l'Afrique subsaharienne avait déjà atteint 102 % et le TNS 76 %. En outre, l'espérance de vie scolaire reste particulièrement faible au Burkina : seulement 38 % des entrants en CP_1 atteignent le CM_2 en 2008 (UNESCO-ISU, 2010). Or, l'on sait que les enfants qui arrêtent avant le CM_1 au Burkina Faso deviennent généralement illettrés faute d'un environnement lettré correct (Pilon, 2004). À la différence de l'analphabète qui n'a jamais été à l'école, l'illettré peut savoir déchiffrer des lettres, voire des phrases ; mais il ne peut ni lire un texte simple à vitesse moyenne, ni en comprendre le sens. Le passage du primaire au secondaire est également faible au Burkina : moins de la moitié (49 %) des élèves du CM2 accèdent à l'enseignement secondaire (UNESCO-ISU, 2010). Ces durées de scolarisation diffèrent, entre autres, selon la richesse de la famille : le nombre moyen d'années d'études de la population burkinabè âgée de 17 à 22 ans en 2003 varie de 0,6 an pour les 20 % les plus pauvres, à 5,6 ans pour les 20 % les plus riches (UNESCO, EPT, 2010, p. 172). Alors que les enfants de milieux favorisés vont dans certaines écoles privées d'élite (confessionnelles ou non), ceux des familles plus modestes fréquentent généralement les écoles publiques particulièrement concernées par les systèmes de classes double-flux ou multigrades, les changements de statut des enseignants et les grèves. Les familles les plus démunies choisissent parfois de ne pas scolariser leurs enfants au profit d'une mise au travail jugée plus rentable ; ou encore, – dans les zones musulmanes – de les inscrire dans des écoles non formelles confessionnelles comme les écoles coraniques qui répondent davantage conjointement à leurs aspirations financières et socioculturelles. Certaines familles populaires scolarisent leurs enfants dans des écoles privées de très faible qualité en milieu urbain, et dans des écoles d'ONG (dont le niveau est variable), très présentes en milieu rural[3]. Les ONG jouent, en effet, un rôle grandissant en matière de scolarisation.

Les ONG, acteurs émergents du système éducatif burkinabè

Le Burkina Faso est l'un des pays du monde qui compte le plus d'ONG par habitant. Les ONG s'y sont développées après l'indépendance ; mais ce sont surtout les grandes sécheresses des années 1970 qui ont entraîné leur implantation dans le pays. En 2000, le Burkina Faso comptait déjà 223 ONG de taille internationale et des milliers de groupements alors que le pays ne compte que quelque 12 millions d'habitants (PNUD, 2000).

---

3. Sur différents pays africains, voir notamment : Schlemmer et Jacquemin, 2011 ; Gérard, 1997 ; Lewandowski, 2011a.

Les ONG tiennent une place importante dans le pays notamment car elles sont l'un des principaux employeurs du secteur formel et constituent d'importants pourvoyeurs de fonds (PNUD, 2000, p. 164). Les ONG sont devenues, en effet, des espaces majeurs de canalisation de fonds auprès des Organisations multilatérales, des coopérations bilatérales, des États et des donateurs privés. De plus, elles développent des stratégies de captation du discours politique en réalisant des plaidoyers à l'échelle internationale auprès des organisations internationales, à l'échelle nationale auprès de l'État, et parfois à l'échelle locale pour des partis politiques. Elles développent également des fonctions d'expertise en entretenant des liens avec les universités et des cabinets de consultance. Représentées d'abord par des volontaires étrangers, les ONG se sont progressivement nationalisées et professionnalisées. En raison du nombre important de coups d'État au Burkina Faso, d'une moindre représentation d'organismes internationaux sur son territoire, et d'un faible développement du secteur privé, les cadres recherchent une pérennité professionnelle dans des organismes non gouvernementaux. Les ONG ont ainsi pris progressivement une place importante dans les affaires publiques burkinabè, comme dans beaucoup d'autres pays d'Afrique de l'Ouest (Deler, Fauré et Piveteau [éd.], 1998 ; Guillermou, 2003 ; Bourdarias, 2004 ; Niane, 2003 ; Atlani-Duault et Vidal [éd.], 2009).

La sphère éducative est devenue progressivement l'un des champs d'action importants des ONG (Miller-Grandvaux, Welmond et Wolf, 2002 ; Petit, 2010). En 1996, sur 296 ONG enregistrées officiellement au Burkina Faso, presque un tiers (84) avaient réalisé des interventions dans le secteur de l'éducation (ministère des Affaires étrangères du Pays-Bas, 2003)[4]. À l'origine, les ONG se sont surtout impliquées en Afrique dans des projets d'alphabétisation pour soutenir leurs propres programmes de développement ruraux en santé, agriculture ou microcrédit. Elles ont ensuite progressivement joué un rôle essentiel, aux côtés d'organismes comme l'UNESCO,

4. Il n'existe pas de statistiques nationales régulières sur le poids relatif des ONG dans l'éducation.

dans le développement et l'institutionnalisation du secteur éducatif non formel (Sanwidi, 1989 ; Lewandowski, 2007d). À partir des politiques d'EPT et de lutte contre la pauvreté, leur engagement dans le domaine éducatif formel et non formel est formalisé et encouragé au nom du triptyque partenarial État-bailleurs-société civile. Au Burkina Faso, la stratégie adoptée est celle du « faire-faire » : l'État est censé cordonner les activités éducatives réalisées par divers acteurs. Elle est officiellement différente du « faire » (campagnes d'État de l'époque révolutionnaire), du « laisser faire » (désengagement de l'État des programmes d'ajustement structurels) et du « faire avec » (moitié pour l'État, moitié pour les ONG) (Dalbéra, 2002). Mais cette stratégie du « faire-faire », utilisée par le plan national d'éducation (PDDEB), cherche de fait surtout à diminuer l'engagement direct de l'État en matière éducative : « La question d'éducation doit cesser d'être l'apanage d'un État-Providence tenu d'assurer la gratuité de l'éducation à tous » affirme le ministère de l'Éducation (MEBA, 2004c, p. 16). Elle permet également aux bailleurs de fonds d'appliquer leurs politiques par le biais du financement du PDDEB (qui redistribue d'ailleurs une partie des fonds aux ONG notamment pour l'alphabétisation), ou bien par le financement direct des ONG sur le terrain. Grâce à ce système, les ONG obtiennent de nombreux financements. Elles peuvent servir de sous-traitants aux États, tout en exerçant un certain pouvoir sur eux en raison de leurs compétences, de leurs poids financiers et de leurs liens avec les bailleurs de fonds. Par exemple, « l'évaluation prospective » de la généralisation du bilinguisme dans les écoles primaires publiques burkinabè (choix de politique nationale) a été commanditée par le ministère (MEBA), mais a été financée par une instance panafricaine (l'Association pour le développement de l'Éducation en Afrique, ADEA) et guidée techniquement par l'ONG principal opérateur national des écoles bilingues formelles (l'OSEO) (Hassana *et al.*, 2008, p. 3).

Ainsi légitimées et financées pour leurs actions éducatives, les ONG diversifient leurs activités dans le secteur : elles poursuivent leurs actions en alphabétisation, mais créent aussi des écoles bilingues formelles et non formelles et développent même des appuis aux écoles publiques. Elles contribuent de la sorte à complexifier les liens entre le public et le privé en matière scolaire. Si les écoles se répartissent toujours officiellement entre les catégories des écoles publiques et privées (formelles et non formelles) telles que décrites plus haut, la réalité du partage des rôles est complexe dès que l'on distingue la propriété de l'école, sa gestion (ou son contrôle), le statut de ses enseignants, ses sources de financement, son objectif (marchand, marchand sans but lucratif avec simple recouvrement des coûts, non-marchand), l'influence éventuelle de sponsors ou de firmes privées sur ses dispositifs (Vinokur, 2004). Par exemple, au Burkina Faso, l'ONG Cathwell a joué un rôle non négligeable dans l'expansion du primaire étatique en finançant des cantines scolaires dans les établissements publics. De la même manière, des ONG (comme l'Association Piéla-Bilanga, APB) financent la construction de salles de classe et de logements des enseignants du public, proposent un suivi des enfants (comme Aide et action, A&A) ou un soutien pédagogique aux enseignants (comme le Groupement des retraités éducateurs sans frontière, GREF). Inversement, l'État peut payer les enseignants d'écoles gérées par des ONG. La distinction traditionnelle (public, privé non lucratif et privé lucratif) est écartée au profit de procédures de contractualisation hybrides entre État et « société civile ». Il s'agit de « conférer à cette dernière (vue comme l'ensemble des intérêts privés marchands et non marchands) une source de légitimité dans la gestion directe des affaires publiques » (Vinokur, 2004, p. 29). Les ONG jouent dans ce système un rôle particulier car elles sont positionnées – et se placent elles-mêmes – dans une posture de médiation entre les politiques nationales et internationales, d'une part, et les populations les plus démunies, d'autre part (Lewandowski, 2007a). Au côté des Associations de parents d'élèves (APE) et des syndicats, elles sont censées « représenter » la cause de la frange la plus populaire de la « société civile » lors des grandes réunions de pilotage nationales et multilatérales. Elles sont également chargées de « rapprocher » les politiques publiques des populations les plus

« marginalisées » géographiquement, économiquement et culturellement. De ce fait, elles sont censées jouer un rôle particulièrement important en milieu rural où elles situent la plupart du temps leurs actions de terrain.

Une société burkinabè rurale hybride, fondée sur les interactions sociales

Quatre-vingt-deux pourcent de la population burkinabè en âge scolaire se situe en zone rurale et une majorité des sortants du système éducatif va travailler dans le secteur agricole (BM, RESEN, 2010, p. XVI, XXIV). Plus des trois quarts de la population burkinabè résidant en milieu rural, il n'est pas superflu de s'interroger sur la manière dont les familles rurales conçoivent et utilisent le système scolaire tel qu'il leur est proposé aujourd'hui au travers des plans nationaux et internationaux. Les programmes décennaux d'éducation d'Afrique de l'Ouest insistent davantage sur le rôle de l'école dans la réduction de la pauvreté que dans celle des inégalités. Sur la question des inégalités, deux objectifs sont cependant souvent formulés et mesurés concernant le système éducatif lui-même : la réduction des inégalités scolaires de genre et de milieu géographique (urbain ou rural). Au Burkina Faso, le PDDEF a ainsi identifié onze « provinces prioritaires » dans lesquelles concentrer les efforts de l'ensemble des acteurs de l'éducation. La province gourmantchée de la Gnagna fait partie des provinces prioritaires et représente un cas idéal-typique de société rurale dont les références culturelles et cognitives ainsi que les modes de fonctionnement pratique sont fort éloignés de ceux des décideurs dans le domaine de l'éducation. Après avoir présenté succinctement la province, nous examinerons les conditions dans lesquelles ont été recueillies les données, avant d'évoquer quelques éléments de la société et de la culture gourmantchée rurale qui structurent son rapport à la scolarisation.

Un milieu rural peu contrôlé par les services étatiques

En 2000, le PNUD conférait à la province de la Gnagna le plus fort Indice de pauvreté du Burkina Faso alors que le pays lui-même était classé la même année 172e sur les 175 du monde en Indice de développement humain, IDH (PNUD, 2000). La majorité de la population y vit d'une agriculture vivrière à laquelle s'ajoutent parfois de l'élevage et du commerce. Le manque d'infrastructures est visible : pas d'eau courante, pas d'électricité, pas de téléphone sauf dans certains chefs-lieux, peu de bâtiments publics de scolarisation, de santé, de justice, etc.[5]. Durant cinq mois de l'année, la température, qui monte au-dessus de 40 °C la journée à l'ombre et descend difficilement en dessous de 35 °C la nuit, ne peut être tempérée par des ventilateurs, faute d'électricité. La nourriture est basée essentiellement sur le tô, plat national constitué d'une pâte de farine de mil ou de maïs accompagnée généralement d'une *sauce feuilles*[6] ; on lui substitue parfois du riz et de la viande. La zone pratique peu de maraîchage ; les réfrigérateurs à gaz, que seuls quelques salariés de la province peuvent s'acheter, conservent très mal les denrées achetées hors de la province[7]. Les problèmes sanitaires sont fréquents et le centre de santé principal de la province est régulièrement classé le dernier du pays (un médecin et un aide-anesthésiste pour les quelque 370 000 habitants de la province, selon la Direction régionale des affaires économiques et sociales). Les journaux nationaux et internationaux ne parvenant pas dans la province, les ondes radios étant aléatoires, le téléphone et internet fonctionnant exceptionnel-

5. Pour des données chiffrées, voir Ouédraogo, 2004.
6. Les expressions françaises mises en italique désignent des expressions soit qui sont propres au français utilisé au Burkina Faso, soit qui ont des significations particulières dans ce pays. Par exemple, une *sauce feuilles* évoque une « sauce de feuilles de baobab », *chogoter* signifie « parler français avec l'accent parisien », etc.
7. Sur les problèmes de malnutrition, voir la thèse de Jacques Sénéchal (1973) et les travaux actuels de Georges Courade, de Pierre Janin, d'Yves-Martin Prével et de l'équipe « Vulnérabilité alimentaire et sécurité nutritionnelle » de l'Institut de recherche pour le développement (IRD).

lement, les informations circulent souvent de « bouche à oreille ». Les déplacements dont difficiles car la zone ne possède aucune voie goudronnée et la saison des pluies rend difficile l'usage de certaines pistes : seulement 20 % des 276 villages recensés en 2000 ont une route accessible en toute saison à partir de Bogandé, le chef-lieu de la Gnagna (Ouédraogo, 2004). De plus, la province est en proie aux *coupeurs de route* (bandits de grands chemins) qui attaquent régulièrement les véhicules – motos, voitures, bus – parfois à la kalachnikov, de nuit comme de jour, le nombre de morts et de blessés augmentant d'une année à l'autre. Leur action entrave toutes les activités économiques de la province, en particulier la commercialisation du bétail. Elle crée une ambiance de suspicion car les coupeurs de route ont des relais dans la population : les agents des ONG et des services étatiques, par exemple, n'explicitent jamais en réunion ni les dates, ni les itinéraires de leurs voyages, ce qui ne manque pas de restreindre l'efficacité des projets.

Les autorités étatiques peinent à contrôler ou à épauler l'ensemble de ses agents et des citoyens de la zone. La gendarmerie est régulièrement mêlée à des affaires : tout le service de Bogandé, chef-lieu de la province, a été révoqué en 2002 pour complicité avec les coupeurs de route. Quant à la police, elle réalise des exécutions sommaires : les cadavres sont laissés trois jours sans être enterrés en guise d'intimidation. Elle se livre aussi à diverses exactions : en 2006 par exemple, elle a été impliquée dans le meurtre et dans le vol des biens d'un négociant et de ses deux chercheurs d'or. D'une manière générale, les fonctionnaires (comme les instituteurs par exemple) envoyés dans la Gnagna « profonde et métallique [métallique "parce que tout y est dur"[8]] », sont soit des jeunes sans expérience qui ne peuvent pas prétendre à de meilleurs postes, soit des personnes indésirables dans la capitale que l'on souhaite écarter. Dans ce « *far-west* » selon l'expression d'un enquêté, vivent principalement des petits agriculteurs vivriers, mais aussi quelques hommes d'église qui prospèrent entourés de femmes et d'argent, des agents d'ONG qui font fortune selon des procédés peu scru-

8. Expression d'un journaliste restée populaire dans la province.

puleux, des aventuriers en quête de petite ou grande fortune dans les mines d'or, des prostituées venues de diverses zones du Burkina Faso et des pays côtiers pour servir dans les bars, quelques grands commerçants qui spéculent sur les céréales en période de soudure[9], etc. La part du contrôle social qui ne parvient pas à être assurée par l'État est réalisée par la population elle-même, représentée par des Gourmantchés (95 %), des Mossis et des Peulhs. Comme dans toutes les zones isolées du monde, chacun cherche à savoir à peu près tout sur tout le monde, ce qui permet à la fois un contrôle de certaines limites à ne pas dépasser et une autorisation à en franchir d'autres que le secret mutuel ne divulguera pas. Ce système de régulation est complété dans la société gourmantchée par le système traditionnel de chefferie et par la prégnance de la sorcellerie (voir *infra*). Omniprésente, cette dernière entre dans tous les rapports de force concrets. La divination par le sable (géomancie) et les pratiques magiques qui y sont associées (le *wak*) font partie du quotidien de la province. Les gourmantchés sont réputés pour ces pratiques : des notables ouagalais ou nigériens se déplacent jusque dans la Gnagna pour *consulter* et utiliser le *wak*. Les Gourmantchés entretiennent volontiers le flou sur l'importance réelle de leurs pratiques dans ce domaine, ce qui leur permet de conserver un ascendant symbolique sur leurs collègues et sur les nouveaux venus. Ces pratiques entretiennent un climat de peur qui peut rendre certaines personnes malades ou les faire fuir la province, comme c'est le cas par exemple de jeunes maîtres d'école stagiaires.

Sociologue en immersion : un angle de vue particulier

Pour réaliser la recherche présentée ici, au lieu de faire des allers-retours depuis la capitale pour faire des enquêtes dans la province, j'ai décidé de rester y vivre. Ce choix s'est révélé

---

9. La période de soudure correspond à l'époque située entre la fin des stocks des greniers familiaux et les nouvelles récoltes : beaucoup de familles peinent pour trouver de quoi manger.

déterminant pour l'étude : j'étais immergée dans le milieu le plus éloigné de mon appartenance socioculturelle d'origine et ne faisais que ponctuellement des « missions d'enquête » dans la capitale. De telle sorte qu'au terme de quatre années d'immersion dans cette zone isolée (2002-2006), la manière dont les villageois pouvaient percevoir les options politiques des décideurs ouagalais et de leurs bailleurs me semblait « naturelle », immédiate. Cette modification d'angle de vue nécessite d'être analysée par le chercheur et explicitée au lecteur : « La plupart des ouvrages monographiques possèdent un vice épistémologique grave : on ne connaît absolument pas les conditions de leur élaboration. Le contexte de l'enquête, la manière dont les matériaux sont recueillis puis traités, les obstacles rencontrés par le chercheur, les particularités de son terrain : autant de problèmes qui ne sont abordés qu'en passant et avec une telle pudeur, qu'on est en droit de suspecter la qualité scientifique de ces ouvrages » (Copans, 1974, p. 47). La recherche relatée ici est loin d'être une monographie car elle concerne différents niveaux d'acteurs, mais l'immersion en milieu rural choisie pour l'étude a influencé la construction de son objet et les modes de recueil des données. Voici donc quelques notes sur le quotidien de vie et de travail dans la province et sur l'usage qui en a été fait pour la recherche.

Malgré l'étrangeté de ma présence dans une province aussi peu fréquentée durablement[10] par des étrangers, mon statut était relativement simple. Je louais une maison avec mon mari et nous vivions comme d'autres *fonctionnaires* : c'est-à-dire des personnes percevant un salaire chaque mois à la différence de la majorité des agriculteurs ou commerçants de la province. Nous étions les seuls *Blancs* de la province à l'exception de sœurs catholiques, d'un couple de pasteurs protestants et d'un *Peace Corp* venu quelque temps. Nous étions fréquemment sollicités pour des problèmes économiques de tous ordres que nous résolvions en espèces ou parfois avec des animaux que nous tentions d'élever dans notre cour. Nous étions conviés ou convoqués

10. En revanche, de nombreuses missions courtes – de quelques jours ou quelques mois – sont effectuées par des agents d'ONG et des chercheurs.

pour les cérémonies d'inaugurations, de mariages, de baptêmes, de départs, de funérailles, etc. ; et organisions nous-mêmes des fêtes à certaines occasions. Écartés de certaines informations, nous étions parfois au contraire consultés pour des problèmes familiaux. Comme tous les résidents de la province, nous n'avons pas évité de subir des tentatives d'intimidations physiques et magiques utilisées systématiquement lors des conflits : par exemple, lorsque nous gênions certaines personnes en empêchant des détournements d'argent associatif ; ou encore lorsque nous ne satisfaisions pas les désirs de telle ou telle personne importante. Comme la plupart des salariés qui le pouvaient, nous avons aussi plusieurs fois choisi de faire 300 km dont la moitié de piste avec plus de 40 °C de fièvre afin de soigner une crise de paludisme persistante. Mais il s'est toujours trouvé des personnes pour nous indiquer, par intérêt, fonction ou amitié, des solutions pratiques ou encore le *protocole* à suivre pour résoudre les problèmes de tout ordre.

La nuit tombant toute l'année vers les 18 heures, l'occupation principale le soir était de discuter avec ses voisins. À Bogandé, où nous avons vécu avant de déménager à Piéla, le point d'eau et les latrines étant situés dans la cour hors de la maison et la chaleur nous poussant à dormir comme beaucoup de gens dehors, nous étions pratiquement tout le temps à l'extérieur. Nous ne tentions jamais de fermer le portail, de telle sorte qu'il n'était pas rare de se réveiller le matin vers six heures avec le visage d'une connaissance penchée au dessus du lit, venu pour un bonjour. S'ensuivait un défilé presque continu jusqu'à la nuit : enfants curieux, voisine ayant besoin de quelque chose, instituteur venu d'un village plus éloigné pour aller au marché et bavarder, pasteur ayant entendu parler de *Blancs* dans la province, etc. J'avais fait construire au fond de la cour une sorte de bureau pour former les enquêteurs. Nous tentions de nous enfermer dans ce petit local : l'enquêteur pour retranscrire ses cassettes et moi pour lire, classer, réinterpréter. Mais nous étions incessamment interrompus par ces visiteurs. Parfois certaines villageoises non alphabétisées venaient et s'asseyaient sans parler pendant plusieurs heures pour signifier qu'elles nous avaient fait une *vraie visite* de courtoisie. Parfois, nous sortions pour saluer des amis ou des personnes avec qui nous avions sympathisé comme des instituteurs, des animateurs d'ONG, des fonctionnaires, des jeunes du village ou quelques voisins. Il me semble bizarre aujourd'hui d'avoir pu durant plusieurs années être ainsi dans une interaction quasiment permanente qui brouillait les horaires de travail ou de vie privée, mais j'étais toujours intriguée par les démarches des visiteurs et avide des informations qu'ils me procuraient. Pour les enquêtes prévues dans les villages les plus isolés, je partais généralement avec un enquêteur sur une même mobylette empruntant des sentiers improbables. Le fait d'arriver ainsi avec un petit sac pour plusieurs jours me situait d'emblée assez différemment des institutions susceptibles d'apporter de l'argent : ce mode d'enquête volontairement très discret facilitait beaucoup les rapports. Nous étions toujours très bien accueillis et mis dans les meilleures conditions possibles : nous restions quelques jours logés chez l'instituteur, dans l'école ou encore chez un notable du village. Nous dormions parfois sur des nattes au sol dans des villages sans latrines et ne mangions que lorsque nous trouvions le temps de nous arrêter dans une cour à une heure idoine. Les imprévus (crevaisons, pertes de chemin, etc.) étaient nombreux, mais nous parvenions à faire beaucoup d'entretiens et d'observations. Excepté en saison des pluies où la quantité d'insectes nous interdisait d'allumer une lumière à l'extérieur, nous écrivions le soir avec des lampes de poches ou des lampes-tempête. Pour la partie de la recherche concernant les personnes influentes en matière éducative, j'en rencontrais certaines lors de leur visite dans la province, ce qui constituait toujours de très bonnes conditions d'entretien. D'autres étaient interviewées lors de mes déplacements en ville où je pouvais également trouver des statistiques, des archives et des documents institutionnels, ainsi qu'échanger avec d'autres chercheurs.

Ce choix de résidence et de mode de vie dans la Gnagna a été guidé en partie par des raisons logistiques (j'étais déjà installée dans la province pour les besoins d'un poste précédent) ; mais aussi plus fondamentalement par un sentiment d'insatisfaction face à d'autres approches observées auparavant durant quelques années en Afrique et en Amérique centrale et du Sud. Pour l'objet que j'entendais traiter – la prise en compte des savoirs locaux à l'école avec le positionnement des principaux acteurs impliqués – la partie la plus délicate de l'enquête me paraissait celle concernant les acteurs les plus populaires. Ne serait-ce qu'en raison de la difficulté d'accéder à leur système de pensée. Le temps passé à résider avec relativement peu de moyens avec les personnes de milieux populaires concernées par l'enquête autorise en premier lieu des situations de confiance souvent indispensables à la qualité des informations comme de nombreux auteurs comme Bourdieu (1993) l'ont relaté. Il permet également au chercheur urbain de viser une rupture avec « l'ethnocentrisme de classe » : éviter autant que possible de transposer ses propres schémas cognitifs sur la réalité concernée et « créditer les cultures populaires du droit d'avoir leur sens propre [et de] les prendre au sérieux en tant que cultures » (Grignon et Passeron, 1989, p. 66-67). Cela lui donne aussi la possibilité de reconstituer progressivement le « casse-tête chinois » pour reprendre l'expression de Cartry (1978b, p. 110) de la pensée symbolique gourmantchée dont la complexité est difficilement décelable lors de courtes enquêtes. Par ailleurs, cette immersion n'empêche pas le chercheur de saisir, en d'autres temps et d'autres lieux, la manière dont la culture examinée est dominée et instrumentalisée par d'autres groupes sociaux (Grignon et Passeron, 1989, p. 65-113) : par exemple en ce qui concerne notre objet, l'usage des savoirs locaux à l'école, lors d'entretiens avec des décideurs du domaine de l'éducation.

Dans ce type d'immersion, la question du contrôle et de l'utilisation de la subjectivité du chercheur est importante (Copans, 2002 ; Olivier de Sardan, 2008). Pour ma part, afin d'utiliser ma propre subjectivité comme outil de travail, j'ai utilisé un carnet de terrain comme je l'avais fait auparavant au Pérou ou au Zimbabwe. D'un côté du cahier, je prenais des notes lors des interviews (parallèlement enregistrés ou non), remplissais les grilles d'observation (parfois aussi photographiées) avec des commentaires et notais des informations ou des discussions plus informelles. De l'autre côté du cahier, je notais systématiquement toutes les choses qui me « choquaient » ou « m'étonnaient ». Il s'agissait de noter, et surtout de dater, tout ce qui touchait ma subjectivité, c'est-à-dire tout ce qui me procurait un sentiment ou une intuition quelconque. Je pouvais ensuite à la relecture, d'une part, voir clairement ce qui pouvait avoir influencé injustement tel ou tel entretien ou telle ou telle interprétation ; et d'autre part, profiter d'intuitions bonnes à saisir comme pistes de recherche. Ce système m'a permis de développer des moments de recherche avec une approche inductive. Par exemple, des notes de mon carnet au sujet d'une veillée informelle avec des instituteurs me décrivant une école comme « hantée » pouvaient m'inciter à rajouter cette école dans l'échantillon préétabli des dispositifs scolaires à étudier. Cette pratique m'a aussi permis d'avoir une vision facilement systémique de la partie de mon objet de recherche concernant le milieu rural. La plupart du temps, durant les visites chez moi ou les séjours dans les villages plus isolés, j'écoutais et posais des questions sur toutes sortes de thèmes qui n'avaient pas forcément de lien direct avec mon objet d'étude : les problèmes du marché, les conflits de chefferie, les parcours de vie, etc. J'en prenais régulièrement note « à chaud » une fois la visite terminée. Ces discussions et ces observations mutuelles ne sont pas comptabilisées dans les données de terrain mentionnées plus haut, mais ont largement contribué à avoir une compréhension globale du milieu. J'ai utilisé la même technique pour ma démarche d'anthropologie des élites et des lobby citoyens à Ouagadougou puis à Dakar en participant aux grandes rencontres nationales et internationales, en suivant leurs préparatifs et les négociation « off » des experts, personnes influentes ou *leader* lorsque cela a été possible (dans les hôtels, les maisons de cultures, les universités, les ministères, etc.).

Une gouvernance hybride, un individu conçu comme un faisceau de forces

La province décrite plus haut présente un déficit d'infrastructures et des difficultés de contrôle pour les autorités étatiques qui sont intimement liés à son histoire. Comme dans beaucoup d'autres zones, la colonisation et le découpage territorial post-colonial ont fait passer la Gnagna d'une position relativement centrale (au sein du royaume gourmantché situé dans la boucle du Niger au XIXe siècle), à une position de marginalisation (en l'occurrence à l'est de l'État burkinabé)[11]. Créé en 1909, le cercle de Fada N'Gourma qui reprend les principaux territoires de l'ancien royaume du Gourma est rapidement délaissé : loin des deux capitales Ouagadougou et Niamey et sans ressources majeures, les colons y investissent peu. Cette situation perdure au-delà des Indépendances : excepté durant la courte période sankariste, la région de l'Est est peu investie jusqu'aux années 1990. À partir de cette décennie, les politiques de lutte contre la pauvreté menées par les organisations internationales, l'État et les ONG y encouragent l'explosion de « projets de développement » en tous genres censés combler le « retard » accumulé. En 2000, un village de la Gnagna sur trois possède au moins un projet de développement, une centaine de villages présentent de 5 à 13 interventions extérieures et le nombre d'organisations paysannes a connu une augmentation de 42 % en quatre ans de 1996 à 2000[12] (Ouédraogo, 2004). Les ONG et leurs groupements représentent aujourd'hui une nouvelle dimension du pouvoir local qui s'imbrique avec les services déconcentrés et décentralisés de l'État et avec le système de chefferie coutumier (roi de Fada N'Gourma et chefs de village).

Les hybridations entre systèmes (associatif, étatique, commercial, coutumier) sont nombreuses. Le système de chefferie coutumier a perduré en partie grâce à son utilisation par la

11. Madiéga, 1974, 1982 ; Madiéga *et al.*, 1983 ; Maubert, 1909 ; Kambou-Ferrand, 1993.
12. Ces groupements représentent souvent des « coquilles vides » ou des structures éphémères créées à la demande implicite ou explicite des ONG et programmes intervenants.

colonisation. Cette dernière est entrée dans le Gourma par l'intérieur, utilisant des rivalités, mais aussi des valeurs traditionnelles (utilisation de la peur de la honte chez les chefs, des réseaux d'allégeances familiales et princières, etc.). Le système colonial a ensuite continué à renforcer les chefferies, en particulier à partir de 1917 avec la « politique d'association » entre l'administration coloniale et les chefferies. Ce n'est que pendant la première période postindépendance que la chefferie est mise en retrait : la nouvelle élite scolarisée prend la tête du pays ; la christianisation fait perdre l'autorité charismatique – au sens premier du terme – du chef, et la période révolutionnaire réduit les pouvoirs financiers et judiciaires des chefs. Sankara supprime, en effet, la capitation instaurée par les colons et sur laquelle les chefs se servaient et attribue une partie de la justice aux Comités de défense de la révolution – CDR –. Mais l'arrivée au pouvoir de Blaise Compaoré et la « rectification » de la révolution (1987) rétablissent tacitement les rôles de la chefferie. Les CDR sont remplacés par les Responsables administratifs villageois (RAV), communément appelés « délégués », qui ne jouent souvent qu'un rôle minime. Le système de chefferie est intimement corrélé au système de parenté comme tous les aspects de l'organisation sociale, culturelle et économique de la société gourmantchée (Madiega *et al.*, 1983) : le roi de Fada N'Gourma (Nungu) est considéré comme le « premier des parents », c'est-à-dire symboliquement comme le plus âgé des Gourmantchés. La société gourmantchée est fondée sur un système de relations interpersonnelles étroites et très codifiées et tout se passe comme si les structures implantées dans la province (services étatiques, associations) étaient systématiquement réinterprétées en partie dans le système de parenté, de solidarités, de contraintes et de conflits préexistants. Certes, les intervenants « extérieurs » comme les ONG essaient de promouvoir officiellement les « cadets sociaux », comme les femmes et les jeunes, et ont un certain pouvoir de transformation sociale (Ouédraogo, 2004). Mais ces transformations ne sont pas toujours univoques : les ONG deviennent elles-mêmes rapidement le siège de hiérarchies juxtaposées. S'y enchevêtrent la hiérarchie associative formelle, la hiérarchie de classe (urbaine, scolarisée, riche), la hiérarchie des réseaux administratifs et internationaux, l'appartenance politique (*CDP*[13], sankariste, etc.) ; mais aussi la hiérarchie de caste ou plutôt de « familles » (familles de chefferies), la hiérarchie du *wak* (niveau de puissance ou de réseaux de puissance dans la sorcellerie et la divination), la hiérarchie « ethnique » (être un métisse, un Yarga, un Gourmantché...), la hiérarchie d'âge biologique et de genre. Ces interpénétrations mettent en jeu des systèmes de décision complexes qui associent des dimensions aussi hétérogènes que des planifications de bailleurs et des consultations géomantiques (Lewandowski, 2007a). De la même manière, le système coutumier peut s'immiscer dans le système étatique : c'est le cas par exemple, à Bogandé, où deux princes se sont déclarés chefs coutumiers et ont déplacé leur lutte sur les élections municipales. L'un des deux protagonistes (instruit et bénéficiant de plus de réseaux dans le monde administratif de par ses voyages) s'est, en effet, fait élire à la mairie pour prendre de l'ascendant sur l'autre. La transmission du pouvoir ne se fait pas de père en fils comme chez les Mossis, mais au sein de la famille royale selon plusieurs modalités : désignation par un collège électoral, succession du père défunt grâce à la renommée de ce dernier (rare), désignation par le chef mourant (souvent contesté), désignation par les géomanciens, ou encore imposition par réputation. Ce mode de transmission provoque des successions « en zigzag », c'est-à-dire en alternance entre les deux principales branches régnantes et entraîne contestations permanentes et conflits fratricides. Le système commercial est aussi pénétré par le système coutumier comme le montre par exemple la production et l'exportation de sésame. La culture traditionnelle de la graine reçoit le soutien d'une ONG pour la commercialiser en partenariat avec une entreprise à l'échelle internationale sous un label biologique. Des réseaux familiaux se sont emparés de la filière au niveau de la production et de l'ONG collaboratrice.

---

13. « *Etre CDP* » signifie faire partie ou être sympathisant du Congrès pour la démocratie et le progrès, parti politique au pouvoir depuis 1987.

Le système social coutumier pénètre ainsi les autres systèmes et continue à régir beaucoup d'aspects de la vie communautaire et familiale. Dans cette structure, la personne n'est considérée comme existante que parce qu'elle est *traversée par les autres et par le magique* et participe ainsi à un équilibre de forces (Swanson, 1976, p. 315). La personne est, en effet, constituée par son corps (*gbannangu*), son esprit (*naano*) et son aspiration vers Dieu (*Yìènú*) ; mais aussi, par trois autres composantes : l'être qu'il réincarne (*ŋààli*), son esprit-guide (*kikirga*) et son destin (*cabili*) (Swanson, 1976). Au travers de ces six composantes, la personne est traversée physiquement par les autres et le monde : par les esprits de la nature (au travers de son esprit-guide kikirga par exemple), par les esprits des ancêtres (avec l'être qu'il réincarne *ŋààli*), par Dieu (avec son aspiration vers Dieu *Yìènú*). Son destin (*cabili*) est lié à ses ancêtres, au monde qui l'entoure, à Dieu et très directement à ses parents (géniteurs et géniteurs de ses géniteurs) dont les vœux pour lui (*yemiali*) prennent un pouvoir magique (Cartry, 1973). Cette représentation de la personne a des implications très concrètes dans la vie quotidienne. Par exemple, lorsqu'une personne tombe malade ou échoue systématiquement à un examen scolaire, elle peut aller consulter un géomancien qui lui dira généralement qu'elle n'a pas su conserver l'équilibre des forces qui la traversent. Le géomancien précisera surtout pourquoi (par exemple, la personne n'a pas assez honoré le *kikirga* de ses géniteurs) et proposera des solutions (par exemple, faire sacrifier un poulet blanc sur l'autel des ancêtres, *jiengili*). Pour tout acte considéré comme important pour la personne (courtiser une fille, passer un concours, se présenter à des élections coutumières, administratives ou associatives, partir en voyage, sortir vainqueur d'un conflit, trouver de l'argent en urgence, etc.), les chances de succès sont mesurées à la fois d'un point de vue matériel, d'un point de vue relationnel et magique. Cette représentation de la personne légitime le pouvoir du collectif sur l'individu. En cas de déviance de ce dernier, elle lui donne également les moyens concrets d'agir sur lui de façon pratique ou par le biais de la magie. « *Si l'un de tes parents est devenu un serpent, enroule-le autour de ta tête et fais t'en une couronne* » préconise un proverbe gourmantché : quoi qu'il advienne, il ne faut pas se séparer de ses parents et de son lignage qui structure toute la vie sociale, économique et politique. Si l'individu s'écarte des devoirs sociaux, il risque le rejet familial et craint le *wak* (sorcellerie). Le caractère immanent du magique dans l'animisme et dans les pratiques conservées par ceux qui sont convertis à des religions monothéistes (religions de la transcendance) sont au fondement de ce système de peur : la répression n'est ni morale ni différée, elle est matérielle et immédiate. « *L'autre peut savoir des choses sur toi par le sable, explique un villageois, il peut faire des choses sur toi par le wak. L'autre a du pouvoir sur toi parce qu'il a pris le temps de s'informer sur toi et qu'il est du village* ». L'évocation de la sorcellerie devient un outil verbal pour influencer les rapports de force en nourrissant les « fantasmes individuels » et les « fantasmes collectifs » qui lui sont liés. Comme le rappellent Louis-Vincent Thomas et René Luneau, il n'y a « rien de plus idéologique que la sorcellerie, mais l'idéologie [...] constitue la trame même du tissu social » (Thomas, Luneau, 1975, p. 86-87). Elle joue essentiellement le rôle de garant de l'ordre établi et de la logique communautaire, mais favorise parfois aussi un jeu de contre-pouvoir.

Ainsi, même si la conception de la personne évolue (Marie 1997), sa représentation est loin de celle de la Banque mondiale dans ses politiques du lutte contre la pauvreté où l'individu, considéré comme libre et rationnel, investit dans sa propre formation en fonction des gains souhaités (Vinokur, 1999, p. 7 ; Laval et Weber, 2002, p. 61). Ces différences essentielles se ressentent dans les stratégies de scolarisation des familles. Tout d'abord, les décisions de mise et de maintien à l'école en milieu rural se prennent collectivement et le bénéfice attendu est également un bénéfice collectif : « L'éducation pour tous est en quelque sorte conçue comme l'éducation de quelques-uns au profit de tous » (Lange, 2003, p. 160). Ensuite, le rapport à la réussite sociale, si elle inclut indubitablement des paramètres économiques, se pense plus largement en termes d'insertion sociale et de réseaux d'appartenance. De la sorte, lorsque la

Banque mondiale déclare « Les pays pauvres – et les individus pauvres – sont différents des riches non seulement parce qu'ils disposent d'un capital inférieur, mais également parce qu'ils jouissent de moins de savoirs » (Banque mondiale, 1999, p. 4), non seulement elle ignore l'ensemble des savoirs locaux qui sont produits et qui circulent dans les systèmes sociaux ruraux ; mais elle réduit l'acquisition des savoirs à des objectifs essentiellement économiques. Elle risque ainsi d'ignorer les causes d'insertion ou de rejet des écoles dans les villages.

L'insertion de l'instruction au village : écoles publiques, écoles bilingues, alphabétisation

Lors de la colonisation, les premières années de recrutements scolaires se font par la force au même titre que les autres charges coloniales (impôts, enrôlement militaire, etc.). Les colons obligent parfois physiquement – avec des militaires – les populations à envoyer leurs enfants à l'école. Les familles se défendent avec des sacrifices à visée magique, la corruption des traducteurs, le remplacement d'enfants princiers par des roturiers, etc. Progressivement, l'enrôlement devient volontaire. La proximité plus grande des écoles et la promotion sociale des instruits travaillant pour les colons (considération, facilité de payement des impôts, redistribution d'argent dans les familles, etc.) encouragent certaines familles à mettre leurs enfants à l'école du Blanc. « Le pouvoir politique et économique que les enfants de roturiers acquerront grâce à l'école coloniale provoquera un renversement dialectique de situation et une demande sociale accrue de scolarisation de la part des populations [...] en même temps qu'un nouveau loyalisme de la part des nouveaux notables » (Sanou, 1999a, p. 1698). Aux indépendances, la demande scolaire explose : les scolarisés prennent la tête du pays et des emplois attendent les futurs instruits. C'est d'ailleurs la « conjonction de l'intérêt des nantis et des aspirations de ceux qui se sentaient frustrés qui a consacré la permanence de systèmes éducatifs issus de la colonisation » (Martin, 2002, p. 2) et a freiné une adaptation plus radicale de l'école postcoloniale aux besoins et aux projets des nouveaux États (voir chapitre 2). Mais certaines zones rurales sont toujours restées en dehors de cet engouement : « Les colons ont ignoré l'Est, mais l'Est le leur a bien rendu » (Yaro, 1990). Dans la Gnagna, certaines familles scolarisaient encore récemment les enfants les moins aimés comme en témoigne cette femme d'une cinquantaine d'année : « Alassane et moi, nous avons été à l'école parce que nous étions des orphelins [de mère], sinon, les autres étaient protégés par leur mère : à l'école, on mettait ceux qu'on n'aimait pas et dont on voulait se débarrasser ». Une faible demande scolaire persiste dans certaines zones de la province où des écoles peinent à remplir leurs classes. En effet, alors que dans les chefs-lieux de départements, les écoles sont surpeuplées avec des effectifs pouvant atteindre les 118 élèves en cours d'initiation (CI), dans les zones les plus reculées, les classes peuvent comporter entre 20 et 30 élèves, ce qui est particulièrement faible pour une école subsaharienne. En 2005, la moyenne était de 45 élèves par maître dans la Gnagna (MEBA, 2005a). Aujourd'hui, les politiques volontaristes de scolarisation dans les provinces prioritaires pourraient faire évoluer le rapport à l'école et à l'instruction en milieu rural, mais le processus est fort variable d'un dispositif scolaire à l'autre.

Les dispositifs scolaires au village : du rejet à la continuité

La place de l'école au village est très différente pour les écoles publiques, les écoles bilingues d'ONG et les centres d'alphabétisation. Les écoles publiques symbolisent l'école issue de la colonisation. Elles sont arrivées tardivement dans la Gnagna : la première école n'y date que de 1947 (Bogandé) et plus de la moitié des écoles de la province a été construite après 1991. L'ouverture du PDDEB en 2000 fait évoluer rapidement les chiffres : de 2000-2001 à 2004-2005, le nombre d'écoles a presque doublé dans la Gnagna : il est passé de 103 à 174 pour 390 855 habitants (MEBA, 2001 ; MEBA, 2005a)[14]. Entre ces deux dates, le TBS de la province est passé de 17,4 % à 30,9 % (*idem*), mais les taux de scolarisation et d'alphabétisation restent parmi les plus faibles du monde. Le taux d'achèvement du primaire (pourcentage d'enfants inscrits au CI qui accèdent au CM2) n'est que de 12, 8 % contre une moyenne nationale déjà faible de 32 % en 2004-2005. Les enfants et les maîtres sont dans de mauvaises conditions. Sur les 174 écoles, seules 132 écoles bénéficient de cantines, et il existe seulement 236 logements pour 425 maîtres. Ainsi, 189 maîtres sont obligés de loger avec d'autres maîtres ou dans les concessions d'habitants des villages. En dehors des chefs-lieux de départements, plus d'un tiers des élèves parcourent entre 1 et 5 km pour aller à l'école, généralement à pied. Dans la région de l'Est en 2004-2005, les classes multigrades représentent presque un quart (24,8 %) des classes, et les classes double flux 6,2 % contre des taux à l'échelle nationale respectivement de 20 % et 5,4 % (MEBA, 2006, p. 32). Les classes de ces écoles publiques présentent la plupart du temps des effectifs chargés : les maîtres enseignent généralement à une cinquantaine d'élèves. C'est le premier type d'école auquel les Gourmantchés pensent lorsque l'on évoque la scolarisation ; elle est dénommée *Bonpiencogu* : « l'école des Blancs ». Les maîtres enseignent en français durant 6 ans pour l'obtention du CEP. Pour les villageois, elle symbolise souvent encore aujourd'hui la seule présence du système administratif. Ils ne décident pas de l'arrivée de l'école : c'est l'État qui planifie les constructions d'après une carte scolaire élaborée avec l'aide de ses services déconcentrés. Les chefs coutumiers (chef de village et chef de terre), qui sont chargés de désigner les terrains où construire l'école, choisissent des espaces non seulement écartés du village, mais aussi parfois insalubres. L'insalubrité peut être environnementale (bas-fonds) ou magique. Dans de nombreux cas, l'emplacement est ainsi considéré comme

14. Sur 174 écoles, 160 sont publiques et 14 privées – dont 7 laïques et 5 chrétiennes – (MEBA, 2005a).

hanté par des esprits mauvais (*djin* maléfiques par exemple), comme en témoigne cet enseignant qui souhaite quitter l'école de Tangay : « *L'école existe depuis 1984-85, elle a été mise à côté d'un cimetière, un endroit dangereux laissé comme ça... La nuit ça claque [...] moi je ne suis pas à l'aise* ». Le fait de donner à l'école un emplacement considéré comme dangereux est une manière de ne pas opposer un refus frontal aux « *Blancs* » (personnel Burkinabè ou étranger travaillant dans les administrations et les ONG) tout en s'assurant que la présence de l'école ne durera pas (les enseignants auront peur, les esprits « gâteront l'affaire », etc.). Cette attitude de rejet est variable selon les villages et change après plusieurs années d'activité : l'école peut devenir alors un objet de fierté pour les villageois, un fanion qui rehausse l'image du village. Les bâtiments scolaires sont, en effet, rectangulaires et construits en matériaux solides (briques, tôles) : ils se distinguent des cases rondes en torchis et sont visibles de loin dans la savane. Mais qu'elle soit rejetée ou mise en exergue, l'école publique reste un espace matérialisé à l'extérieur de la vie villageoise.

Les écoles bilingues d'ONG sont des dispositifs historiquement plus récents. Elles ont connu un essor particulier à partir des années 1990 avec l'arrivée des financements liés aux politiques d'Éducation pour tous et dans une optique « d'adaptation » des écoles (voir chapitre 2). Les écoles bilingues ont été créées au Burkina Faso par les deux principales ONG investies dans l'alphabétisation au Burkina Faso : l'Œuvre suisse d'entraide ouvrière (OSEO) et Tin Tua. Depuis 1992, l'OSEO a ouvert des écoles bilingues avec deux autres associations en associant les services techniques de l'État ; aujourd'hui, les écoles bilingues appuyées par l'OSEO sont considérées comme des écoles publiques. Dans la Gnagna, c'est plutôt l'association Tin Tua qui développe le bilinguisme. En 1995, cette association met en place les Centres *Banma Nuara* « la connaissance éveille, émancipe » (CBN). L'institution a expérimenté sa méthode pédagogique par un travail avec des alphabétisés souhaitant apprendre le français et l'a progressivement adaptée pour différents groupes d'âges ; aujourd'hui, les CBN1 sont destinés aux enfants de 7 à 9 ans qui n'ont pas pu aller à l'école. Mais comme ces écoles s'implantent dans des villages sans dispositif scolaire, elles ont tendance à être fréquentées par des enfants d'âge scolaire normal (6 ou 7 ans) et ressemblent ainsi aux écoles bilingues mises en œuvre par l'État avec l'OSEO (seule la méthode pédagogique change)[15]. Les CBN1 durent 5 ans comme les écoles bilingues de l'État et de l'OSEO (au lieu de 6 ans dans les écoles dites classiques) et amènent à l'examen du CEP. Les taux de réussite au CEP sont meilleurs pour les écoles CBN1 et celles de l'OSEO que pour les dispositifs publics en français, mais l'analyse de ces résultats est délicate en raison du nombre de variables en jeu (bilinguisme, pédagogie, nombre d'élèves, qualification et suivi des instituteurs, matériel, etc.). Les CBN1 sont considérés comme des écoles primaires par l'État : ce dernier les fournit en matériel, forme en partie les enseignants qui doivent participer aux Groupes d'animations pédagogiques (GAP) comme les instituteurs des écoles publiques et les prend en compte dans les statistiques nationales de l'enseignement formel[16]. Les écoles observées ici sont les CBN1 de l'association Tin Tua ; par commodité, nous les appellerons simplement « écoles bilingues ». Les effectifs sont parfois moins élevés que dans les écoles publiques classiques, mais restent importants (une quarantaine d'élèves). Elles représentent moins l'institution administrative et davantage le milieu du « développement » avec son prestige et sa manne financière. Le village qui reçoit une école bilingue est souvent choisi par l'ONG

15. En cas de généralisation des écoles bilingues à l'ensemble des écoles publiques, se pose la question de la coexistence entre les CBN1 (méthode Tin Tua) et des écoles bilingues étatiques (méthode « Apprentissage de la langue française à partir des acquis de l'alphabétisation » – ALFAA – de l'OSEO). En 2005, il existe 11 CBN dans la Gnagna (dont 5 CBN1 destinés aux jeunes et 6 CBN2 destinés aux adultes).

16. Les CBN2 destinés aux adolescents et aux adultes ne sont eux pas comptabilisés dans les statistiques du formel, mais sont considérés comme des cycles complémentaires d'alphabétisation (centres d'apprentissage du français fondamental et fonctionnel, A3F). Les CBN2 ne comportent que quatre années d'apprentissage (comme les écoles bilingues post alphabétisation de l'OSEO) au lieu de cinq dans les CBN1 pour les enfants.

selon les critères de l'État, mais aussi en fonction de « groupements paysans » préexistants : l'ONG a sa propre carte d'intervention et choisit parmi « ses villages » celui dont le groupement est le plus dynamique. L'implantation d'une école bilingue fait ainsi l'objet de négociations et de tractations entre groupements, responsables villageois, ONG et services déconcentrés de l'État car sa venue annonce le rapprochement d'une ONG dont les fonds et les contacts attirent les courtiers villageois. D'une manière générale, le village est ainsi davantage impliqué dans la venue de l'école et l'emplacement de cette dernière est parfois situé près des habitations.

Les centres d'alphabétisation sont la plupart du temps gérés, eux aussi, par des ONG. Ils sont désormais appelés « Centres permanents d'alphabétisation fonctionnelle (CPAF) » (1990) et sont réorganisés en trois cycles (1990 puis 2004) : l'Alphabétisation initiale (AI), la Formation complémentaire de base (FCB) et un dernier cycle optionnel[17]. Obtenir des chiffres fiables concernant le nombre de centres d'alphabétisation est difficile. Les déclarations des opérateurs, celles de la Direction provinciale de l'Éducation de base et de l'Alphabétisation (DPEBA) et les différents rapports du ministère de l'Éducation de base et de l'alphabétisation (MEBA) varient à ce sujet du simple au double. Selon une hypothèse haute, proposée par les opérateurs pour la réunion annuelle sur l'alphabétisation dans la province et adoptée par le Ministère (MEBA, 2004a), en 2003-2004, il y aurait 362 Centres d'alphabétisation initiale (10 901 inscrits) et 374 Centres de formation complémentaire de base (9 117 inscrits) ; et pour le 3e cycle optionnel : 16 A3F (583 inscrits), 6 CST (avec 170 inscrits), et 28 FTS (1 182 inscrits). Le total serait donc de 786 centres et de 21 953 inscrits. Selon ces chiffres, le nombre d'adultes inscrits en alphabétisation et centres non formels (21 953 en 2005) avoisine celui le nombre d'enfants scolarisés (20 182 en 2004-2005) : le change-

17. Dans ce dernier cycle, en plus des Formations techniques spécifiques (FTS) de durées variables, l'apprenant peut officiellement choisir une formation en Culture scientifique et technique (CST) de 600 heures ou l'Apprentissage du français fondamental fonctionnel (A3F) de 1 200 à 2 400 heures minimum.

ment du rapport au savoir avec l'introduction d'un savoir scriptural de base (lire, écrire, compter par écrit) pourrait se faire donc autant par les adultes que par les enfants dans la Gnagna. Dans les centres d'alphabétisation, les conditions d'apprentissage restent difficiles : hangars en paille comme salle de classe, nombre d'ouvrages insuffisant (en moyenne 1,6 pour 3 apprenants), des équipements de fortune (pas de tables, mais parfois des bancs en bois ou en banco, ou des tronçons d'arbres, etc.). Par ailleurs, les opérateurs sont particulièrement nombreux dans la province (14 opérateurs, Tin Tua étant le plus important dans ce domaine) et parviennent difficilement à se coordonner : certains villages possèdent 5 à 6 centres (mis en concurrence) et d'autres aucun. L'explosion des centres d'alphabétisation est liée en partie à la création du Fonds pour l'alphabétisation et l'Éducation non formelle (FONAEF) en 2002, manne financière importante pour les ONG[18]. Les résultats de ces centres d'alphabétisation sont également à manier avec délicatesse (Pilon, Kaboré, 2003, p. 44). Les opérateurs (ONG) présentent généralement des résultats qui ne tiennent pas compte des taux d'abandon (ils calculent le taux de réussite selon les inscrits à l'examen). Le FONAEF, lui, présente des résultats nationaux pour 2004 de 62 % de succès aux examens pour la AI et 73 % pour la FCB qui tiennent compte des abandons, mais non des réinscriptions : « Certains opérateurs reconnaissent aussi que des déclarés alphabétisés se réinscrivent souvent aux campagnes suivantes par manque d'occasions d'exercer leurs savoirs et par volonté de les conserver ou de les enrichir. Pourtant, chaque année, les taux de réussite sont cumulés pour calculer la progression du taux d'alphabétisation, alors que les taux de réussite ne sont pas durables dans le temps, et que certains néo-alphabètes sont comptabilisés plusieurs fois » (Melle, 2005). Dans les centres d'alphabétisation, les cours sont dispensés uniquement en gourmantché, sur deux ou trois années, à raison

18. Le FONAEF a été mis en place par l'État et ses partenaires dans le cadre du PDDEB (qui prévoit 40 % de taux d'alphabétisation en 2010) : il fait une gestion commune des fonds de différents partenaires publics et privés pour l'alphabétisation.

de deux à quatre mois par an en saison sèche. Ils ne visent pas le CEP mais l'apprentissage de savoirs de base comme lire, écrire et compter. Ce dispositif est bien différent des deux précédents, d'autant plus qu'il concerne d'ordinaire davantage des jeunes et des adultes que des enfants. Il est cependant intéressant à présenter ici car certaines familles ont tendance à l'utiliser pour les enfants, en remplacement de l'école publique classique qui soustrait les enfants aux travaux domestiques et champêtres. Il est aussi et surtout essentiel en tant qu'espace de rencontre entre savoirs scolaires et savoirs locaux. Le nombre d'élèves est généralement peu élevé (une vingtaine). Le centre d'alphabétisation, *gulimencemacogù*, représente typiquement une institution intégrée au village. L'implantation est surtout liée à la volonté des ONG et des villageois. La plupart du temps, les bâtiments sont rectangulaires – comme les écoles – mais en paille et situés au cœur du village. Ils sont construits par les villageois eux-mêmes et utilisés à diverses activités non scolaires. Cette forte diversité des modes d'intégration des écoles au village – allant du rejet physique et magique à l'assimilation, en passant par la cohabitation – est confirmée par les types de relations qu'entretiennent les maîtres et les villageois.

Les relations entre instituteurs, élèves et familles rurales : de la peur à la parenté

Dans les écoles primaires publiques classiques, les élèves envoyés sont officiellement âgés de sept à douze ans, mais ils peuvent atteindre jusqu'à l'âge de quinze ans en raison des mises à l'école tardives et des redoublements. Parmi les élèves scolarisés dans le public, 94,5 % ont des parents agriculteurs, 1,2 % des parents éleveurs, 1,2 % des parents fonctionnaires et 1 % des parents commerçants (moins de 1 % ont des parents artisans, ouvriers retraités, autres)[19]. La majorité des parents

---

19. Les rares foyers dont le chef de ménage n'est pas agriculteur ont tendance à mettre leurs enfants dans les quelques écoles privées qui

d'élèves ne savent ni lire, ni écrire et ne parlent pas français. Certains sont acquis à la cause scolaire, mais beaucoup restent réticents à cette institution et surtout aux modes de vie qu'elle diffuse et qui éloignent les enfants des travaux champêtres, des coutumes et des codes villageois de socialisation. Les enseignants, eux, sont principalement de jeunes hommes issus de milieux urbains et peu habitués aux dures conditions de la vie villageoise. Ils ont un niveau de classe de troisième ; ils sont formés en une année seulement dans les Écoles nationales des enseignants du primaire (ENEP). Leur formation est assez théorique et les guide peu pour s'adapter à des milieux différents du leur. Ils sont généralement jeunes et sans expérience : ils doivent faire leurs preuves dans ce type de zones difficiles et isolées avant d'espérer accéder à un « meilleur poste ». Sur 425 enseignants, on dénombre « 45 Instituteurs Certifiés, 3 Instituteurs Principaux, 294 Instituteurs Adjoints Certifiés, 92 Instituteurs adjoints et 8 instituteurs sans titre de capacité » (MEBA, 2005b, p. 12). Ces 100 enseignants sans titre de capacité (donc très peu qualifiés) représentent ainsi dans la Gnagna presque un quart des enseignants (la moyenne nationale étant de 13,3 %). Les enseignants des écoles publiques ne connaissent pas les habitudes communautaires et ne parlent pas le gourmantché. « *Je n'ai aucune notion de la tradition du village dans lequel je suis* », explique l'un d'eux. Ils ont souvent pour aspiration principale de quitter la province et vivent, entre eux, à l'écart des villageois dans les logements de fonction construits à côté des écoles. Les villageois leur inspirent souvent du mépris et parfois de la peur, comme le raconte une jeune femme venue en stage d'institutrice à Piéla : « *Les autres, qui sont venus avec moi, ils sont déjà repartis : ils ont pris peur, quand ils ont vu le village [...] Et puis, les Gourmantchés sont méchants, si tu es un homme, que tu t'approches de leurs femmes... Même, si tu es une femme et que tu refuses les hommes, ils vont de waker. Leur wak est vraiment puissant, hein ! Moi, j'habite seule, j'avais peur, tous les autres sont partis, alors j'ai pris un petit, un*

existent, où le taux des élèves ayant des parents fonctionnaires ou commerçants monte à 7 % (MEBA, 2005b).

Mossi[20]*, pour venir habiter avec moi, comme ça au moins on est deux* ». Des associations de parents d'élèves (APE) et de mères d'élèves (AME) sont supposées créer du lien entre l'école et le village et fonctionner sur le modèle « démocratique participatif ». Mais souvent, ces associations sont peu actives ou dominées par quelques notables, laissant la plupart des villageois indifférents. Officiellement, les services déconcentrés de l'État assurent une supervision et un accompagnement, mais, en réalité, le manque de personnel et de véhicule permet rarement un suivi : les enseignants se sentent « seuls » au village. De la sorte, le bâtiment scolaire, à l'écart du village, constitue parfois le seul lieu de rencontre entre deux univers socioculturels hétérogènes représentés, d'une part, par les élèves et, d'autre part, par les maîtres.

Les élèves qui fréquentent les écoles bilingues d'ONG sont sensiblement les mêmes que ceux des écoles publiques classiques. En général, les familles rurales n'ont pas le loisir de choisir entre différentes écoles à proximité de leur logement et il leur est impossible d'envoyer leurs enfants loin, en raison de l'absence de moyens de transports. Ainsi, contrairement à ce qu'avancent certaines ONG, mettre son enfant dans une école bilingue correspond plutôt à une nécessité pratique qu'à un choix fondé sur des questions pédagogiques ou idéologiques. Les enseignants ont à peu près le même niveau d'étude que dans les écoles publiques ; mais ils reçoivent une formation professionnelle initiale dispensée par l'ONG plus intensive que celle des ENEP publiques. Ils sont, de plus, mieux encadrés et ils suivent une formation continue. Ces formations, généralement plus appliquées, insistent sur la « pédagogie active », l'expression des enfants et « l'intégration » de l'enseignant au village. Les instituteurs sont assez jeunes, mais ont souvent déjà eu une expérience associative ou professionnelle, ce qui les désinhibe pour faire « leur place » dans le village. Surtout, ils sont issus du même milieu, sinon culturel, du moins linguistique, puisqu'ils parlent le gourmantché. Ils comprennent généralement donc

20. Elle a proposé à un enfant parlant la même langue qu'elle de venir habiter chez elle.

davantage les habitudes villageoises et participent plus souvent à la vie locale. C'est le cas à Sorgo comme le décrit un jeune homme originaire du village : « *D'abord, il y a eu l'alphabétisation, ensuite l'école. Les habitants ont construit les logements des maîtres : quatre maisons dans une même cour au milieu du village. Une en dur et trois en banco – Est-ce que les enseignants y sont bien ? – [...] Quand ils n'ont pas de cours, ils jouent avec les jeunes du village. Les jeunes filles viennent faire la cuisine pour les célibataires et n'ont pas honte de venir alors que si c'était plus isolé, elles ne viendraient pas les aider [...] Ici, l'enseignant du CP2 demande du bois pour sa cuisine, les vieux viennent le visiter. Et quand un enseignant n'a pas de réveil, le délégué peut venir le réveiller s'il le lui demande* ». Dans ce type d'écoles bilingues, les associations qui impliquent les parents d'élèves sont plus dynamiques : elles sont parfois issues des groupements préexistants et se développent grâce à des liens interpersonnels entre des villageois et les ONG. Ces dernières ont, en effet, davantage de moyens que les services étatiques pour assurer une présence « sur le terrain ». Globalement, les enseignants de ces écoles bilingues sont socialement plus proches de leurs élèves, avec lesquels ils entretiennent des relations en dehors des situations de classe. Le bâtiment scolaire devient un lieu de rencontre au même titre que le marché, les concessions ou la gargote de dolo (bière de mil locale).

Les élèves des centres d'alphabétisation sont généralement plus âgés et issus de familles plus défavorisées que ceux des écoles classiques ou bilingues dont ils ont souvent été exclus. En raison de la volonté des bailleurs de fonds et des périodes annuelles d'enseignement, le nombre de filles et de femmes (élèves comme enseignants) est plus important que dans les écoles. Les enseignant(e)s ont un niveau initial plus faible (3e année d'alphabétisation ou CEP) et ils/elles ont été formé(e)s par des ONG en pédagogie et en andragogie[21] en gourmantché durant quelques semaines seulement. D'après la carte éducative (MEBA, 2005b), il y avait en 2003-2004, 305 animateurs :

21. L'andragogie désigne la psychopédagogie, la socio-pédagogie et la pédagogie utilisées dans la formation des adultes.

203 femmes (66,6 %) et 102 hommes. Le niveau de formation est faible : 63,9 % des formateurs ont le certificat de CPAF (c'est-à-dire ont fait seulement l'alphabétisation et ont passé un concours), 15 % le CEP (fin primaire) et 2,7 % le BEPC (fin collège) – 18,3 % autre. Les animateurs et animatrices d'alphabétisation ne sont pas forcément jeunes ; et surtout, ce sont des Gourmantchés, issus généralement même du village voisin de celui où ils enseignent. Ils possèdent ainsi déjà une insertion forte et particulière dans les liens familiaux et communautaires du village. Peu payés, ils vivent avec les villageois, ou font les allers-retours depuis leur domicile en vélo : « *Généralement, l'alphabétiseur n'enseigne pas dans son propre village [...] on doit le loger et le nourrir deux à quatre mois [...] – Est-ce que ça peut arriver que l'alphabétiseur soit méprisant avec les gens du village ? – Avant oui, mais maintenant avec le guide [d'andragogie], c'est fini. De toutes façons, c'est difficile pour lui de se gonfler trop car il est de la même région ; les gens le connaissent* », explique un Responsable administratif villageois (RAV). Ainsi, dans les centres d'alphabétisation, les enseignants sont pratiquement issus du même milieu, voire de la même parenté éloignée que leurs élèves. Les liens sont renforcés par la supervision des centres qui est réalisée par des anciens alphabétiseurs employés par les ONG.

Sous l'égide des politiques de « lutte contre la pauvreté », les politiques d'Éducation pour tous assignent à l'éducation un rôle essentiellement économique. Pour développer rapidement un système éducatif qui se veut performant, elles incitent à la réorganisation des politiques d'éducation nationales sous la forme d'une coordination entre de multiples acteurs. De la sorte, elles favorisent l'émergence de nouveaux acteurs de l'éducation comme les ONG bien situées aux interfaces entre État, bailleurs et société civile. Les sociétés rurales isolées comme la société gourmantché restent fortement marquées par un système d'organisation communautaire. Ce dernier, structuré comme une famille élargie complexe, considère les personnes comme intimement liées (d'un point de vue relationnel, physique et magique) à la société communautaire. Cette organisation pénètre et hybride les systèmes associatifs, étatiques et commerciaux existants dans la province. Les ONG jouent un rôle de médiateur entre ces différents systèmes. Elles s'impliquent dans les écoles publiques mais surtout possèdent l'ensemble des écoles alternatives et des centres d'alphabétisation ruraux. Ces deux derniers dispositifs et leurs enseignants sont davantage intégrés dans le milieu rural que les écoles publiques. Ce qui, dans une société où les interrelations sont primordiales, conditionne les processus d'apprentissages scolaires, ainsi que les rapports aux savoirs locaux. Le chapitre qui suit montre les enjeux aussi multiséculaires qu'actuels de leur prise en compte à l'école.

2

Les savoirs locaux à l'école

Enjeux internationaux, programmes nationaux

« Vous qui êtes intelligents et apprenants, mes enfants, aidez toujours les Blancs dans leur tâche. Ceci est un devoir »

Sonolet et Pérès, 1916[1].

La question de l'usage de savoirs locaux à l'école a très tôt été prise au sérieux par les autorités en charge de promouvoir certains modes de gestion territoriale, puis certaines options de développement. Le chapitre montre d'abord comment les métropoles puis les États se sont attelés à cette question. Il analyse ensuite la manière dont les nouvelles politiques internationales sont parvenues à « techniciser » et à « dépolitiser » cette problématique sensible. Il examine enfin la façon dont des acteurs non étatiques (bailleurs, maisons d'édition, ONG) se sont positionnés

1. Louis Sonolet et A. Pérès, *Livre de lecture Moussa et Gigla. Histoire de deux petits noirs*, cité par Sanou, 1999, p. 1 699.

pour la maîtrise des circuits financiers et intellectuels de production des outils pédagogiques qui régissent l'usage des savoirs locaux dans les contenus scolaires.

L'usage des savoirs locaux à l'école : cent ans de débats pour les métropoles et les États

Doit-on choisir des contenus scolaires adaptés au milieu des enfants ou bien aux contextes mondiaux ? Vise-t-on l'acquisition de connaissances théoriques, de savoir-faire concrets ou de « compétences » globales ? Faut-il utiliser les dialectes, les langues « nationales » ou uniquement les langues « internationales » ? Les réponses apportées à ces interrogations varient en fonction du type d'institutions qui les traitent et du statut accordé aux populations censées détenir les savoirs locaux.

L'Afrique de l'Ouest coloniale : les savoirs locaux à distance

Le problème de la prise en compte des savoirs locaux à l'école s'est posée à l'époque coloniale avec la question de « l'adaptation » de l'école (Fall, 2002). Les premières écoles (fin XIXe-début XXe siècle) sont des écoles militaires : elles sont annexées aux postes militaires sous la direction de sous-officiers, de soldats ou d'interprètes. Les classes sont composées de 10 à 20 élèves issus des familles de chefs traditionnels. L'apprentissage se fait par répétition dans des hangars, dans des cases ou sous des arbres et concerne essentiellement le français oral. L'objectif est alors le suivant : « *Réunir à l'école les enfants des grandes familles qui ont gouverné autrefois ce pays, les amener à comprendre la fermeté bienveillante de notre domination, à apprécier la grandeur de nos idées et de nos institutions et leur donner en même temps, une solide instruction de manière à ce qu'ils puissent devenir de précieux agents pour le maintien de notre action politique parmi les populations indigènes* » (CARAN/fonds anciens, AOF, Série J, J23, Bobine 9, 200MI/1150. Cité par Compaoré, 1995b, p. 364). La mission du dispositif scolaire est de souligner la « grandeur » des savoirs occidentaux et d'assurer les bases pratiques de la domination des colons. La doctrine oscille entre une politique de ségrégation (faire admettre la grandeur de la civilisation française par simple soumission) et une politique d'assimilation (faire des colonisés de petits Français « civilisés »). Dans les deux cas, l'existence même d'une ou de civilisation(s) africaine(s) est exclue. Ses savoirs et ses langues sont dépréciés de sorte qu'il est impensable de les enseigner à l'école.

À partir de 1903, un nouveau système d'enseignement primaire et élémentaire est instauré (décret du Gouverneur général de l'AOF) avec des écoles de villages, des écoles régionales et des écoles urbaines. Les écoles de village proposent officiellement un cycle d'un an (sélectif) et un cycle de deux ou trois ans où l'on apprend la lecture, l'arithmétique et surtout « l'agriculture pratique dans les champs pour permettre aux sortants de mieux se réinsérer dans leur milieu d'origine et de ne pas être déracinés » (Sanou, 1999a, p. 1699)[2]. Une petite élite d'auxiliaires est ainsi formée avec des programmes « adaptés » à la condition des villageois. À partir de cette époque, la théorie de « l'association » commence à prendre de l'ascendant sur les deux autres logiques (ségrégation simple et assimilation). Les colonisés ne sont pas jugés capables d'accéder à la civilisation française, mais une forme de « culture » leur est reconnue. Il s'agit « d'adapter » les programmes scolaires à cette « culture », afin que la « culture » des colonisés et la « civilisation » française « s'associent » : « *Il y a avantage pour un Noir à se trouver au service d'un Blanc parce que les Blancs sont plus instruits, plus avancés en civilisation que les Noirs et que, grâce*

2. Dans les années 1930, le Gouverneur général Brévié insiste sur les travaux manuels dans les écoles rurales : ils prennent le pas sur les autres apprentissages et les écoles deviennent parfois des sortes de fermes négligeant l'instruction des enfants.

à eux, ceux-ci peuvent faire des progrès plus rapides [...] et devenir un jour des hommes vraiment utiles. De leur côté, les Noirs rendent service aux Blancs en leur apportant le secours de leur bras, pour l'exécution des travaux de tous genres qu'ils ont entrepris, en cultivant la terre qui permet d'alimenter le commerce, et aussi en combattant pour la France dans les rangs des troupes indigènes. Ainsi, les deux races s'associent et travaillent en commun pour la prospérité et le bonheur de tous » (Sonolet, Pérès, 1916 cités par Ouédraogo, 1997, p. 78). Dès 1915, des voix s'élèvent – comme celle du député sénégalais Blaise Diagne – pour que les « indigènes » ne soient pas réduits à apprendre ce type de programmes « adaptés », mais bénéficient des mêmes contenus d'études que les Français de la métropole, ainsi que des mêmes droits en général. Mais ces voix ne revendiquent pas la reconnaissance d'une civilisation africaine comme égale à la civilisation occidentale.

En 1944, la conférence de Brazzaville prône l'accroissement de la scolarisation, mais ne change pas de perspective : il s'agit de former du personnel en fonction des réalités de chaque territoire. La scolarisation se développe un peu, aidée par les plans du Fonds d'investissement pour le développement économique et social (FIDES) créé en 1946. Sur toute la période coloniale, l'usage des langues, alors seulement reconnues comme des « *dialectes locaux* » (Constitution française d'octobre 1946 cité par Sanou, 1999a, p. 1703) reste totalement interdit dans les écoles[3]. Le *symbole* (objet que l'on pend au cou des élèves parlant leur langue à l'école) est introduit dès le milieu du XIXe siècle pour humilier les contrevenants (Sanogo, 2004, p. 5). Les langues nationales ne sont utilisées qu'à petite échelle en alphabétisation par des missionnaires protestants et catholiques. Les plans d'envergure de lutte contre l'analphabétisme, mis en place seulement après la création du FIDES, effectuent l'alphabétisation en français. Les enseignants sont des instituteurs de

3. Jean Dard qui avait ouvert la première école coloniale en 1916 à Gorée et faisait apprendre le français à partir des langues vernaculaires sera relevé de ses fonctions.

l'école primaire organisés en groupes mobiles, équipés de matériel audiovisuel et de matériel de camping.

L'indépendance au Burkina Faso : l'impossible retournement ontologique

Après une époque coloniale qui impose – dans les sphères de légitimation officielles – une vision occidentale du monde, le renversement ontologique post-indépendance s'avère plus difficile que prévu. Dans une première phase (1960-1976), des intellectuels comme Joseph Ki-Zerbo (1990) au Burkina Faso et Abdou Moumouni au Niger (1964) dénoncent un enseignement colonial dévalorisant destiné à « maintenir l'indigène dans une position dominée » et aliénant car recherchant à « faire accepter au colonisé sa situation ». Ils demandent une véritable reconnaissance de la civilisation africaine, en Afrique comme en France (Tapié, Genet, Remond, Chaunu, Marcet et Ki-Zerbo, 1960). En 1966, la conférence de Tananarive qui réunit les ministres de l'Éducation francophones prône une réforme des contenus, mais les programmes scolaires sont globalement revus sans restructuration en profondeur dans leurs pays. Par exemple, au Burkina Faso, les programmes d'histoire, de géographie et de sciences naturelles sont simplement « africanisés » en 1962 : les sujets portent désormais sur l'Afrique et la Haute-Volta, mais la structure de pensée reste identique. Ce n'est qu'en 1969 qu'est mise en place la Commission nationale des langues voltaïques, premier effort national pour la codification et l'écriture des langues locales. La revalorisation de la civilisation africaine dans la culture scolaire reste limitée et lente. De plus, la dichotomie entre colons et colonisés (contexte de la question de « l'adaptation » de l'école) fait progressivement place à une scission entre élites (généralement urbaines) et populations démunies (généralement rurales). Les efforts de scolarisation à fournir sont, en effet, immenses dans un pays majoritairement rural : en 1960, le TBS primaire est seulement de 6,5 %. Des Centres d'éducation rurale (CER) sont créés (de 1961 à 1974 sous l'égide de l'UNESCO nouvellement créée) dans les villages où il n'y a pas d'école : les enfants sont censés rejoindre après quelques années le système classique. Ils reçoivent des cours théoriques, mais doivent aussi effectuer des travaux productifs jugés « adaptés » à leur milieu. Les CER ont peu de fréquentation et sont vécus comme une école au rabais, tout comme auparavant les écoles coloniales de village où l'on apprenait l'agriculture (Sanou, 1999a). Dans le secteur non formel, l'UNESCO soutient aussi en 1965 le congrès de Téhéran, première rencontre mondiale sur l'alphabétisation. Cette rencontre marque l'abandon de l'alphabétisation « de masse » proposée par le FIDES colonial au profit de l'alphabétisation « fonctionnelle » : « L'alphabétisation ne constitue pas une fin en soi, mais elle a pour objectif de permettre à l'adulte d'acquérir des connaissances et par là-même de mieux s'adapter à ses fonctions sociales, professionnelles, économiques et humaines » (UNESCO, 1965, p. 26 cité par Sanwidi, 1989, p. 43).

Ce n'est que dans la période suivante (1976-1983) que le système scolaire et ses curricula sont restructurés dans leur intégralité. Le « Dossier Initial » propose différents cycles de formation. Le cycle de base (l'école primaire) a une finalité propre avec un apprentissage de métiers (jardins et ateliers) ; l'apprentissage y est fait en langues nationales (le français est « langue seconde ») et le cycle doit s'autofinancer en partie grâce aux activités artisanales et surtout agricoles. Des outils sont élaborés : modules d'introduction d'une langue nationale à l'école avec des livrets en moré, dioula, fulfuldé (le Burkina Faso possède une soixantaine de langues[4]), formations pour les enseignants et les inspecteurs avec une « sensibilisation » de la population. Mais seulement 58 % des adultes interrogés à cette époque se prononcent en faveur de l'enseignement des langues nationales à l'école (MEC, 1976, p. 69) et les résultats de la

4. La « langue officielle » est le français tandis que les 59 langues parlées par les ethnies au Burkina sont considérées comme des « langues nationales ». Les plus favorisées sont de fait les langues véhiculaires : le moré, le dioula et le fulfuldé. Il n'existe pas de statut pour les langues des étrangers au Burkina (yoruba, haoussa, ashanti, wolof...), ni pour les langues répandues dans les écoles comme l'anglais ou l'arabe.

réforme sont mitigés (Ouédraogo, 2005). Une restructuration en profondeur est également recherchée en alphabétisation lors du symposium international de Persépolis (1975) qui propose d'abandonner l'alphabétisation « fonctionnelle » pour adopter « l'alphabétisation conscientisante », expression de Paulo Freire qui participe au symposium : « [Jusqu'à présent dans l'alphabétisation], il s'agit en quelque sorte de consolider la division du travail entre une minorité privilégiée, investie de la responsabilité exclusive de résoudre les problèmes, et la majorité réduite à appliquer les solutions définies sans sa participation. Pour rendre l'alphabétisation vraiment fonctionnelle, il faudrait abolir une telle dichotomie [...] L'éveil de la conscience est apparu en fin de compte comme l'élément décisif de l'alphabétisation, car être conscient est la raison d'être et le propre de l'homme. Privée de cette conscience, l'éducation se ramène à une simple manipulation » (UNESCO, 1975, 12-16, cité par Sanwidi, 1989, p. 153-154). Mais la mise en place de ces préconisations est difficile. Après ce symposium, le Burkina Faso lance les premières grandes campagnes d'alphabétisation (1976-1981) en adoptant non pas « l'alphabétisation conscientisante », mais une « alphabétisation fonctionnelle » moins « productiviste » (avec une « fonctionnalité large »), ainsi que des programmes d'alphabétisation d'associations (Tin Tua, l'OSEO).

La période révolutionnaire (1983-1987) propose, elle, d'autres options, notamment vis-à-vis des langues nationales. Pour Sankara, les langues nationales sont importantes et c'est l'une des rares périodes où elles sont revalorisées dans les pratiques de l'administration étatique. Le nom du pays (Haute-Volta) est changé, il est désormais en langues nationales : *Burkina* signifie « homme intègre » en moré, *Faso* signifie « patrie » en dioula (écrit « jula » par certains auteurs) et la terminaison de l'adjectif *burkinabè* reprend celles du fulfuldé (Nikiéma, 1999). L'hymne national est traduit dans plusieurs langues et les fonctionnaires sont initiés à la lecture et à l'écriture des langues nationales. Des actions sont mises en place pour revaloriser la civilisation africaine : séminaire national sur les « Voies et moyens pour la promotion d'une culture nationale » (MIC, 1985), port pour les fonctionnaires de tissus locaux produits par *Faso dan Fani* (arrêté dès 1987, après le mort de Sankara), création de la Semaine nationale de la culture (SNC) et du Salon international d'artisanat de Ouagadougou (SIAO) toujours en vigueur, promulgation de textes sur les droits d'auteur, création de l'Institut des peuples noirs pour la recherche, etc. En matière éducative, l'« Appel de Gaoua sur la qualité de l'enseignement au Burkina Faso » de Sankara, dénonce une école inégalitaire, inadaptée au marché du travail et culturellement aliénante (Burkina Faso, 1986, p. 6). Mais le gouvernement ne prône pas l'usage des langues nationales à l'école. Basil Guissou et Valère Somé, têtes pensantes de la révolution, se positionnent en faveur du français, considéré comme un meilleur vecteur de communication à l'extérieur, avec une capacité immédiate à servir la modernité technicienne. Un article du journal *L'Observateur* l'explique : « *Vouloir faire de la question des langues nationales une affaire de dignité et d'orgueil national sans tenir compte du sens de l'Histoire, c'est nous conduire à des lendemains qui déchanteront. Les masses populaires sont en train de s'éveiller lentement mais sûrement, à une vie nationale consciente et active, la sélection des langues se fera naturellement selon les nécessités pratiques* » (*L'Observateur*, 12-13-14/6/81, cité par Bianchini, 2004). De 1983 à l'assassinat de Sankara en 1987, la période révolutionnaire avec sa devise « à chaque village son école » double pratiquement le nombre de salles de classes ainsi que les taux de scolarisation (Pilon, 2004). En alphabétisation, des opérations « Alpha commando Bantaaré » (1985-1989) couvrent tout le territoire en mobilisant l'ensemble des acteurs (ministère de l'Éducation nationale, ministère de la Question paysanne, INAFA, FJA) et touchent un grand nombre de personnes jusqu'ici jamais concernées par l'instruction.

La période actuelle au Burkina : les savoirs locaux au service de la lutte contre la pauvreté ?

L'ère de la présidence de Blaise Compaoré (1987-2014) est marquée par les politiques d'EPT et l'implication des institutions financières internationales dans la valorisation des savoirs locaux. La première rencontre nationale burkinabè ayant utilisé le terme de « savoirs locaux » est appuyée par la Banque mondiale et organisée par le ministère des Arts et de la Culture en juin 2002 (MAC, BM, 2002a). La même année est élaboré un *Plan d'action pour l'intégration des savoirs locaux dans les programmes de développement* (MAC, BM, 2002b). Ce plan n'a pas été adopté dans son intégralité, mais la Banque mondiale en finance une partie dans différents secteurs. Elle appuie au Burkina Faso la constitution de « répertoires » de savoirs locaux utiles pour le développement sur le modèle de ses banques de données internationales : en 2005, paraît un ouvrage de 500 pages : *État des lieux des savoirs locaux au Burkina Faso, Inventaire des bonnes pratiques et propositions pour leur contribution au développement* produit par une institution financée par la BM, le PNUD et la BAD (Kiethega coord., 2005). Mais la promotion des savoirs locaux est peu coordonnée à l'échelle politique nationale : elle est portée par quelques individus passionnés ou intéressés dans des ONG[5], des théâtres, des centres culturels[6], des instituts de recherche[7], les instances étatiques. Les deux ministères les plus actifs dans le domaine sont le ministère de la Culture[8] et le ministère de la Santé avec

---

5. Oxfam, 6 S, INADES-formation, APNEF, OSEO, Tin Tua, le centre Kanfando, la CTT, etc.
6. Atelier théâtre burkinabè, Théâtre de la fraternité, Théâtre du roseau, Centre international de théâtre de Ouagadougou, Centre *Jelia* et son festival *Yeleen*, etc.
7. L'INRA, l'IRSS, l'INSS, le Centre de recherche pour le développement endogène CRDE, le Centre africain de recherche pour une pratique culturelle du développement CAD, etc.
8. Avec le festival annuel de masque de Bobo-Dioulasso FESTIMA, la Semaine nationale de la culture SNC, le Salon international d'artisanat de Ouagadougou SIAO et le Festival panafricain du cinéma et de la télévision à Ouagadougou FESPACO.

sa direction de la promotion de la médecine et de la pharmacopée traditionnelles[9]. Bien souvent, les « savoirs locaux » sont considérés comme une nouvelle mode rhétorique et un nouveau vocabulaire auquel il faut se plier pour avoir des financements (au même titre que le « genre », la « bonne gouvernance », la « décentralisation », les « initiatives locales », etc.) : « *Il n'y a pas de réels projets sur les savoirs locaux en Afrique à la différence de l'Inde ou de l'Amérique latine : en Afrique des pistes sont lancées par la Banque mondiale* » explique un agent d'ONG.

Dans le domaine éducatif, les états généraux de 1994 proposent l'intégration des langues nationales dans l'éducation formelle comme durant la période pré-sankariste. Le plan national d'éducation (PDDEB) réaffirme cette option : il faut prôner l'« introduction des langues nationales dans l'éducation de base pour favoriser une amélioration de la perception de l'école et réduire l'actuel fossé entre savoirs familiaux et savoirs scolaires, entre école et milieu » (MEBA, 2000, p. 16). L'objectif principal (N° 1) est formulé ainsi : « Développement du pays : réduction de la pauvreté par la formation de ressources humaines adéquates » (MEBA, 2000, p. 74). Dans cette optique, l'usage des savoirs locaux à l'école est destiné à rapprocher cette dernière des populations défavorisées (adaptation au milieu), d'une part ; et de développer chez ces populations des compétences propres à lutter contre la pauvreté (adaptation aux « besoins »), d'autre part. Les savoirs locaux sont traités comme des intrants pour la formation du capital humain. Cette conception est renforcée depuis 2006 avec le projet d'une nouvelle refonte globale des curricula pour adopter l'Approche par les compétences, APC. Entériné par la phase II du PDDEB (2008-2010), cette refonte cherche à conserver et à fédérer les réformes curriculaires : généralisation du bilinguisme (français-

9. Des cellules de pharmacopée traditionnelle sont associées aux directions régionales de la santé. Des efforts sont entrepris pour la « validation des recettes des tradithérapeutes » (médecine traditionnelle, MT), pour l'amélioration de remèdes existants (médecine traditionnelle améliorée, MTA), et pour la formulation de médicaments nouveaux à base de produits locaux (MN) (Guissou, 2002).

langues nationales)[10], fédération des programmes curriculaires développés par différentes instances en complément aux programmes nationaux (comme l'Éducation en matière de population, EMP), rapprochement des curricula du formel et du non-formel, et développement d'une approche intégrée pour l'enseignement de 3 à 16 ans (incluant le préscolaire, le primaire et le collège) (MEBA, DGCRIEF, 2006). Les Approches par les compétences, APC, visent à sortir de savoirs jugés « encyclopédiques » (approches par les disciplines) ou trop morcelés (Pédagogie par objectifs PPO) pour proposer des savoirs complets et utiles aux élèves dans leur vie postscolaire. Cette volonté tout à fait logique rencontre cependant, dans la pratique, de nombreuses difficultés techniques, financières et politiques (CIEP, 2009)[11]. Au Burkina Faso, cette réforme en faveur de l'APC bilingue fait l'objet de différentes critiques, comme l'exprime ce pédagogue burkinabè : « *Nous sommes déjà en train d'expérimenter des méthodes pédagogiques bilingues au Burkina Faso, pourquoi devrait-on tout arrêter pour adopter des méthodes extérieures qui demandent un travail et un coût considérable ? [...] Mais nous n'avons pas notre mot à dire, je sais déjà qu'au niveau d'instances comme la Francophonie, c'est décidé : tout le monde doit adopter la pédagogie par les compétences. On ne nous consulte que pour la forme [...] c'est comme pour les OGM, on n'en voulait pas mais tu crois qu'on a le choix ? On sert de laboratoire [...] Et il ne faut pas oublier l'histoire non plus : l'approche par les compétences, ça vient de l'entreprise* ». Dans l'APC, les programmes ne sont plus déclinés par discipline (histoire, français, mathématique...), mais par compétences (par

10. Bilanga dans la Gnagna fait partie des 45 départements test (Hassana *et al.*, 2008, p. 132).

11. Dans d'autres pays, la réforme est plus avancée mais induit toujours des doutes. Par exemple, au Sénégal, la réforme met en place l'APC (reliée aux approches par disciplines et à la PPO) mais sans bilinguisme. Les ouvrages sont déjà en expérimentation en première et troisième année d'école primaire (cours d'initiation CI, équivalent CP_1 burkinabè et en CE_1). Mais certains responsables du ministère continuent à s'interroger sur la faisabilité financière et même sur la pertinence de cette réforme : « *L'APC nous a été vendue, les idées, le soutien, l'argent [...] sans que les pays, ni ceux qui vendaient ne sachent où ils allaient* ».

exemple « savoir vivre dans son milieu »). Les contenus sont de la sorte restructurés selon certains objectifs. Ils sont déclinés en sous-compétences en vue desquelles sont dispensés des contenus qui appartenaient auparavant aux disciplines, mais qui sont sélectionnés autour de notions et de savoirs pratiques qui semblent le plus directement utilisables en milieu professionnel.

Le secteur de l'alphabétisation et de l'éducation non formelle, quant à lui, est désormais présenté à l'échelle internationale non plus comme un projet de réduction des inégalités (symposium de Persépolis 1975), mais comme un palliatif indispensable des défaillances du système formel pour éradiquer d'analphabétisme et lutter contre la pauvreté (Banque mondiale, 2001). Le changement de perspective entre lutte contre les inégalités et lutte contre la pauvreté est important : dans la lutte contre la pauvreté, tous les dispositifs scolaires formels et non formels sont jugés nécessaires à développer même s'ils conservent ou augmentent les inégalités (Lewandowski, 2012). Au niveau international, la conférence de la CONFEMEN à Harare de 1982 insiste sur le fait que la scolarisation universelle est irréalisable à court terme et qu'il faut associer scolarisation et alphabétisation pour éradiquer l'analphabétisme (ADEA, 2003). Les grandes organisations internationales soutiennent cette logique : l'UNESCO lance en 1984 le programme régional d'élimination de l'analphabétisme en Afrique, tandis que les Nations unies proclament la période 1990-2000 « Décade internationale de l'alphabétisation ». L'approche « conscientisante » est écartée au profit de l'approche fonctionnelle désormais reprise dans la mouvance de l'approche par les compétences. Au Burkina Faso, la Loi d'orientation de 1996 reconnaît l'éducation non formelle comme une stratégie majeure de l'éducation nationale (MEBA, 1996). Depuis le second forum national de 2004, le profil du nouvel alphabétisé est redéfini : l'alphabétisé doit savoir lire et comprendre un texte lié à sa profession et à son environnement ; pouvoir s'exprimer par écrit dans toutes les circonstances ; maîtriser les mécanismes des quatre opérations et résoudre des problèmes pratiques liés à la vie quotidienne ; avoir acquis des connaissances, des valeurs socioculturelles et des connaissances techniques et professionnelles qu'il peut appliquer ; pouvoir assumer des responsabilités aux plans social, économique et politique (MEBA, DGAENF, 2004, p. 12) : « *Bref, le profil en fait un agent de développement dans son milieu* » (MED, 2004).

Déplacement et dépolitisation actuelle du débat sur la scène internationale

L'élève n'est plus un futur « bon auxiliaire » des colons, ni un futur « bon citoyen » ou un « homme libre (désaliéné) » : il doit devenir un bon « agent de développement ». Cette tendance, examinée à l'échelle étatique, rejoint un positionnement assumé par les organisations internationales. Nous verrons ici que ces dernières se sont progressivement impliquées sur la question des savoirs locaux et qu'elles les traitent aujourd'hui avec une approche techniciste.

L'émergence des savoirs locaux sur la scène internationale

À partir des années 1980 et 1990, les savoirs locaux sont reconnus comme des enjeux politiques mondiaux. Leur réhabilitation a commencé avec la question de l'environnement, puis avec celle des droits des peuples. L'article 8j de la convention de Rio de 1992 prône la préservation des connaissances autochtones et les ONG d'environnement (ONGE) jouent un rôle non négligeable pour porter la question des savoirs locaux dans les agendas internationaux (Dumoulin, 2004). La valeur, notamment marchande, des savoirs locaux étant reconnue, émerge la question de la propriété intellectuelle et du droit des peuples. En 1995, l'OMC signe les Aspects des droits de propriété intellectuelle qui touchent au commerce (ADPIC). Le pillage des connaissances par des industries pharmaceutiques et agroalimentaires incite en 1997, l'OMPI à créer une division des questions mondiales de propriété intellectuelle qui traite des connaissances autochtones (OMPI, 2004). En 1999, les accords de Bangui réactivent l'Organisation africaine de propriété intellectuelle – OAPI. Les ONG de défense des droits des peuples (comme la Commission internationale pour les droits des peuples indigènes, ICRA international) développent des actions de lobbying pour protéger certains détenteurs de savoirs locaux. En 2000, l'ONU crée l'Instance permanente des Nations unies sur les questions autochtones. C'est un organe consultatif du conseil économique et social (ECOSOC) des Nations unies qui examine « les questions autochtones dans les domaines de l'économie, du développement social, de l'environnement, de la santé, des droits de l'homme, de la culture et de l'éducation ». Elle propose des expertises à ECOSOC ainsi qu'aux différents programmes, fonds et institutions de l'ONU et coordonne des activités sur les questions autochtones au sein de l'ONU.

Dans le domaine éducatif, les deux institutions internationales les plus présentes sont l'UNESCO et la Banque mondiale (Lewandowski, 2004). L'UNESCO a été la première à s'attacher à la question des savoirs locaux par des actions multiples : programme de conservation des savoirs traditionnels (1996), inscription des savoirs traditionnels dans la déclaration sur la science (1999), déclaration sur la diversité culturelle (2001), vote de la convention internationale pour la sauvegarde du patrimoine culturel immatériel (2003), programme sur les systèmes de savoirs locaux et indigènes (Local and Indigenous Knowledge LINKS) qui prône les savoirs locaux et les langues nationales à l'école. La Banque mondiale a investi progressivement le thème et créé en 1998 le programme *Indigenous Knowledge for development Program* qui développe, entre autres, des bases de données internationales de Connaissances autochtones (CA) ou *Traditional Knowledge* (TK) – Banque mondiale, 1998, 2004. L'approche des deux institutions est sensiblement différente : comme le résume Charlier, dans le domaine scolaire, « la Banque mondiale promeut la diffusion des savoirs locaux pour des raisons économiques et l'UNESCO par souci de préserver la diversité culturelle » (Charlier, 2004, p. 170). L'approche de la Banque mondiale tend à supplanter celle de l'UNESCO pour différentes raisons. D'abord, la banque dispose de beaucoup plus de moyens pour financer les programmes décennaux d'éducation en Afrique subsaharienne. Ensuite, elle a mis au point un système sophistiqué de production de discours. Elle finance des experts et des chercheurs de rang international pour réfléchir et publier sur des questions importantes : par exemple, la définition des *Traditional Knowledge*, les relations entre sciences et savoirs traditionnels, le rôle de l'ethnoscience ou les relations entre sciences, pseudosciences et savoirs traditionnels (ICSU, 2002). Elle constitue ainsi progressivement différents types de textes, des plus théoriques aux plus pratiques. À chaque étape d'opérationnalisation, la complexité du discours s'appauvrit pour servir *in fine* essentiellement les options stratégiques de la Banque mondiale (Lewandowski, 2012). Elle devient ainsi une « banque de connaissance » (Diop, 2008) qui légitime son action par des représentations du réel qu'elle entend transformer (Muller, 1996). Cette récente influence de la Banque mondiale sur les questions éducatives est visible dans l'évolution des textes des grandes conférences internationales sur l'éducation. La rencontre d'Addis-Abeba (1961) incite à tenir compte du « *patrimoine culturel africain* », la Conférence de Jomtien (1990) évoque le « *savoir traditionnel* » ou le « *patrimoine culturel autochtone* » et le cadre d'action régional pour l'Afrique élaboré à Johannesburg en 1999 décrit le « *système de connaissances, de valeurs et de compétences indigènes* ». Mais le Forum de Dakar (2000) – où la Banque mondiale est davantage présente – prône plutôt « des programmes *adaptés* susceptibles d'être enseignés dans une langue locale et qui partent du savoir et de l'expérience des enseignants et des apprenants » et un « respect des communautés et cultures locales et une volonté de partenariat avec elles » (EPT, 2000). Pour l'EPT, les savoirs locaux doivent être pris en compte moins pour valoriser un système de société et de connaissance, que pour que l'école soit « adaptée » et que le pays présente de bonnes performances scolaires et économiques (Lewandowski, 2006). Ces performances étant censées faire sortir les populations de la pauvreté, il est moins question de souveraineté nationale ou de droits des peuples, que d'usage de savoirs économiquement utiles. Dès lors, la question se pose davantage en terme supposés « techniques » qu'en grandes options politiques, ce qui a des conséquences importantes par exemple sur le sujet des langues nationales à l'école.

Les langues nationales à l'école : exemple de dépolitisation d'une question sensible

Aujourd'hui la plupart des institutions internationales prônent l'utilisation des langues nationales dans les écoles primaires publiques africaines. Les textes internationaux officiels se sont multipliés en ce sens : Charte culturelle pour l'Afrique (1976), déclaration de Harare (1997), Plan d'action linguistique pour l'Afrique (2006), Plan d'action de l'engagement de Bamako pour le multilinguisme universel (2009)[12]. Les arguments donnés par les principaux acteurs (l'UNESCO, la Banque mondiale, l'OIF, l'AUF et l'AFD, les ONG en Afrique francophone) en faveur des langues nationales sont généralement développés en termes de bienfaits pour l'enfant, pour sa réussite scolaire et pour l'identité du pays ou du continent. Ces arguments sont étayés par des écrits (recherches et rapports) sur l'importance de la langue maternelle dans le développement psychopédagogique (Chomsky et Piaget, 1979), la capacité des langues nationales à développer des termes techniques et scientifiques (Tourneux, 2006), les bons résultats des écoles bilingues, leur importance pour la culture nationale, etc. Au Burkina Faso par exemple, sur la période 1998-2008 le taux de succès des écoles bilingues au CEP était en moyenne de 75,5 % contre presque 65 % pour les écoles publiques en français qui disposent pourtant d'une année de plus comme le décrit le directeur de l'OSEO pour une étude

12. Voir notamment le site de l'académie africaine des langues : www.acalan.org.

destinée à l'ADEA (Ilboudo, 2003). Mais même si la langue a un effet positif sur les apprentissages, compte tenu de la diversité des conditions matérielles d'enseignement déjà évoquées, rien n'indique que ce soit elle qui ait l'effet le plus déterminant dans ces résultats. Or les conditions d'enseignement dans les écoles publiques une fois le bilinguisme généralisé ne seront sans doute pas les mêmes que celles des écoles bilingues expérimentales. Mais l'usage des langues nationales à l'école fait toujours l'objet de débats contradictoires (au Burkina Faso par exemple, Barreteau, 1998 ; Nikiéma, 1999 ; Sanou, 1999 ; Sanogo, 2004)[13]. En particulier, la question des inégalités reste une question majeure non résolue.

Le système linguistique étant fortement corrélé au système socio-cognitif d'un groupe, une promotion des populations les plus pauvres devrait passer par la promotion de leur langue (Tourneux, 2008). De la même manière, en termes d'inégalités, les enfants qui parlent français en famille ont des atouts considérables face aux enfants qui n'ont même jamais entendu un seul mot dans cette langue avant d'arriver à l'école (inégalité de l'héritage social des codes culturels nécessaires – dont la langue – pour comprendre le message scolaire : Bourdieu et Passeron, 1964 ; Bernstein, 1975). Conserver les écoles en français uniquement, peut favoriser la réussite scolaire des enfants des classes supérieures alors que l'introduction des langues nationales pourrait limiter le redoublement ou l'abandon des enfants issus des familles les plus défavorisées. Mais même dans le cas où les écoles bilingues leur permettraient de poursuivre jusqu'à l'apprentissage de la langue seconde dite internationale, il n'est pas certain qu'ils ne soient pas en situation de bilinguisme soustractif. Josiane Hamers et Michel Blanc (1983) définissent le bilinguisme soustractif comme un état où la personne a développé sa seconde langue au détriment de ses acquis en langue maternelle avec des inconvénients sur le plan du développement cognitif (mais aussi social pourrait-on

13. Les langues nationales ne concernent au Burkina Faso qu'une petite partie des élèves (environ 5 % en 2005-2006, PASEC, 2009, p. 28) et des langues (7 sur 59 en 2010, Ilboudo, 2003).

ajouter). Le bilinguisme soustractif se met en place lorsque l'entourage dévalorise la langue maternelle de la personne par rapport à une langue dominante, socialement plus prestigieuse. Le bilinguisme « additif », en revanche, est une situation où la personne a développé ses deux langues de façon équilibrée et a pu bénéficier d'avantages sur le plan de son développement cognitif : cet état se retrouve surtout lorsque les deux langues sont valorisées dans l'entourage socioculturel de la personne.

D'un point de vue scolaire, les méthodes pédagogiques qui n'utilisent les langues nationales que peu de temps, dans l'optique d'un meilleur apprentissage du français « langue seconde », peuvent ne pas parvenir à favoriser un bilinguisme additif [14]. Il n'est pas certain, en effet, que conserver la langue nationale même jusqu'à la fin du primaire (comme le font les méthodes ALFAA de l'OSEO et Tin Tua au Burkina Faso) soit suffisant pour mettre en place chez l'apprenant un bilinguisme additif, surtout si la structure sociolinguistique globale n'y concourt pas. En effet, les examens scolaires, les concours d'accès à la fonction publique, ainsi que tous les espaces d'expression de la classe moyenne et de l'élite ne prennent guère en compte les langues nationales en Afrique de l'Ouest. Ainsi, les écoles bilingues français-langues nationales sont actuellement perçues par certains comme des écoles « adaptées » pour les plus démunis. C'est d'ailleurs une des justifications principales avancées par les bailleurs : « Dans les sociétés à prédominance rurale, il sera difficile de généraliser l'achèvement du cycle primaire de qualité pour une classe d'âge sans recourir massivement aux langues maternelles et aux langues véhiculaires comprises par les enfants » (Maurer, 2010, p. 19). Cette démarche est fort différente d'une promotion sociale et culturelle véritable des classes populaires telle que celle proposée par Tourneux (2008). Pour ne pas envoyer leurs enfants dans des

---

14. Différents textes opérationnels utilisent les termes « d'additif » et de « soustractif » autrement que Hammer et Blanc : ils désignent par le terme de « bilinguisme additif » une méthode qui conserve la langue nationale au moins jusqu'à la fin du primaire et par celui de « bilinguisme soustractif » une méthode qui l'abandonne au milieu du primaire au profit de la langue seconde (Hassana *et al.*, 2008, p. 34).

écoles bilingues français-langues nationales considérées comme « populaires » et « au rabais », les ménages aisés qui parlent déjà français à la maison choisissent, lorsqu'ils le peuvent des écoles bilingues français-anglais. De nombreuses études institutionnelles ont été faites sur le positionnement des parents vis-à-vis des écoles bilingues en Afrique. Certaines insistent sur le « manque de communication » sur les écoles bilingues qui conduit les parents à se déclarer contre les usages des langues nationales à l'école (Hassana *et al.*, 2010). Mais aucune de ces études ne prend en compte, à notre connaissance, la différence de point de vue des parents selon leur catégorie sociale. La question des inégalités est exacerbée par le nombre de langues et de dialectes existants dans les pays ouest-africains. Les dialectes et les langues sont retenus sur différents critères officiels, mais correspondent de fait aux groupes qui ont le plus de poids, par leur nombre ou leur pouvoir[15]. Les enfants issus de familles utilisant des langues ou des dialectes minoritaires sont ainsi défavorisés vis-à-vis des autres. Par ailleurs, la valorisation des savoirs locaux dans les programmes peut être un facteur de rapprochement et d'enrichissement mutuels notamment entre ruraux et urbains (Tourneux, 2011). Mais la mise en œuvre concrète du bilinguisme réduit la mixité ethnique dans les écoles. Des enfants ou des enseignants de langue minoritaire, peuvent avoir du mal à suivre ou à dispenser les enseignements en classe bilingue et devoir changer d'école. Ainsi les écoles publiques bilingues peuvent moins jouer le rôle de brassage ethnique de la population que les écoles en français, ce qui peut comporter un risque en termes de stabilité intérieure du pays. Les ethnies n'ayant pas le même statut dans les affaires économiques et politiques du pays, les écoles bilingues peuvent aussi nuire sous cet aspect également à la mixité sociale.

Ce système est soutenu par les politiques internationales qui, sous couvert de favoriser des identités nationales ou continen-

---

15. Par exemple, c'est le gourmantché de Fada N'Gourma qui a été retenu pour être diffusé dans les écoles bilingues de la Gnagna mais la population de cette province parle un dialecte différent, désormais considéré comme moins « correct ».

tales, ont pour objectif de développer des aires d'influence politico-linguistiques susceptibles de renforcer des inégalités internationales existantes. Déjà en 1974, Louis-Jean Calvet soulignait toute l'ambiguïté des positions du multilinguisme de la francophonie dont le premier comité créé en 1966 avait pour nom évocateur « *Haut comité pour la défense et l'expansion de la langue française* » (Calvet, 1974). Plus récemment, l'Agence internationale de francophonie (AIF) déclarait : « La maîtrise de la langue maternelle peut faciliter celle du français. *Ainsi, en soutenant l'usage des langues partenaires, la francophonie assure à terme la promotion de la langue française* » (Programme d'action de l'AIF Agence internationale de la francophonie, cité par Dalbéra, 2003, je souligne). C'est peut-être là une des différences majeures avec la perspective sankariste burkinabè : cette dernière mettait l'accent sur la culture nationale dont les langues nationales faisaient partie intégrante dans l'ensemble de la gouvernance du pays mais pas forcément à l'école, tandis que les bailleurs mettent plutôt l'accent sur les langues nationales au profit d'une autre langue et d'une autre culture et prônent leurs usages davantage à l'école que dans la gouvernance du pays. Les différentes réformes ont échoué et ont dévalorisé les langues nationales au lieu de les valoriser (Calvet, 1991). Il n'existe donc pas suffisamment d'éléments pour affirmer que l'usage des langues nationales à l'école permettra de réduire les inégalités non seulement car les études scolaires ne s'attellent pas assez à cette question, mais aussi et surtout parce que cela dépend de conditions socio-linguistiques et géopolitiques plus larges dont on peine à mesurer les évolutions.

Lorsque les textes internationaux se positionnent en faveur des langues nationales, ils insistent sur des aspects techniques tels que la scolarisation des classes populaires en omettant les problématiques vives des inégalités scolaires, ainsi que les enjeux géostratégiques des aires d'influence linguistique. En ce sens, ils s'inscrivent dans la lignée des politiques et des programmes de développement qui passent sous silence les rapports de pouvoir et présentent sous couvert d'une justification technique des options hautement politiques (Ferguson, 1994). Les États aux prises avec ces enjeux sociopolitiques du bilinguisme ont tendance aujourd'hui à reprendre les discours des ONG et des bailleurs de fonds en faveur de l'usage des langues nationales, sans impulser de véritables politiques (Maurer, 2010).

Le rôle des acteurs non étatiques dans la mise en œuvre opérationnelle

Cette position étatique se perçoit dans l'élaboration des programmes et des manuels scolaires. Au Burkina Faso, les programmes reflètent un consensus ONG-État-bailleurs, tandis que leurs réalisations concrètes dans les manuels sont fortement influencées par les acteurs du marché de l'édition.

Les programmes scolaires actuels au Burkina Faso : un consensus État-ONG-bailleurs ?

Au Burkina, les programmes des écoles primaires publiques en français, les écoles bilingues d'ONG et les centres d'alphabétisation déclinent différemment la prise en compte des savoirs locaux. Les écoles publiques insistent sur les savoirs locaux uniquement dans certaines matières et pour les petites classes. Par exemple, d'après le chapitre « civisme, valeurs nationales et droits humains », l'élève du CP « chante, récite, dit des contes et comptines en langues nationales ; s'exprime souvent dans la langue nationale ; écoute volontiers la musique, les contes en langues nationales ; pratique souvent les danses traditionnelles ; consomme volontiers des produits locaux... » (MEBA, DIGPB, 1995) ; l'élève du CE « s'exprime de préférence dans sa langue nationale quand la situation de communication ne l'oblige pas à utiliser le français ; partage ses émotions, ses expériences avec ses camarades en langues nationales plutôt qu'en français »

(MEBA, DGINA, 2001, p. 153), et l'élève du CM cherche à « comprendre l'organisation et le fonctionnement des structures traditionnelles et modernes » (*idem*). En CM_1 et CM_2, la référence aux savoirs locaux est réduite, les élèves étant censés se consacrer à l'examen national du CEP qui n'y fait généralement pas référence.

Dans les écoles bilingues, les savoirs locaux sont au programme dans l'ensemble des matières et durant tout le cycle. La méthode Tin Tua pour les CBN1 propose d'utiliser, durant les deux premières années, essentiellement la langue nationale (pour la lecture, l'écriture, le calcul, les exercices sensoriels et l'éducation morale et civique) : le français n'est utilisé qu'en expression orale (première année) puis en lecture et écriture (seconde année). Durant les trois années suivantes, le français devient la langue majeure d'apprentissage des programmes (du CE_1 au CM_2), tandis que la langue nationale est réservée à la lecture et à l'explication des textes. L'ensemble de la méthode met l'accent sur l'oralité et utilise des figurines et du mime pour l'apprentissage du français selon des étapes très codifiées. L'association *Tin Tua* (« développons-nous nous-mêmes ») insiste sur ses liens avec les « communautés » et propose dans ses centres *Banma Nuara* (« la connaissance éveille, émancipe ») « Une ouverture totale aux langues et aux cultures des communautés qui sont ainsi largement valorisées à travers : le bilinguisme additif qui développe les compétences des apprenants tant dans la langue maternelle qu'en français ; *l'implication des communautés* dans l'identification des objectifs et des contenus d'apprentissage ; une *adaptation* des contenus d'enseignement-apprentissage aux besoins éducatifs des communautés ; le développement des *potentialités économiques et culturelles* des communautés » (Ouoba, 2005, je souligne).

Dans les centres d'alphabétisation, les programmes promeuvent globalement les méthodes de pédagogie « active » et la valorisation des savoirs locaux. Les cours se regroupent en quatre disciplines : langues, mathématiques, sciences de la vie et de la terre, sciences sociales. L'élève doit « pratiquer *les vertus du milieu, identifier les savoirs locaux* dans les différents secteurs de la vie, *valoriser les savoirs locaux, expliquer l'influence de la culture occidentale* sur le mode de vie des populations, *défendre les valeurs traditionnelles tout en intégrant les aspects positifs de la culture occidentale*, expliquer l'influence des religions sur les pratiques culturelles du milieu, accepter l'autre sans sa religion, présenter les différents groupes sociaux du milieu, lutter pour le renforcement de la cohésion sociale, intégrer l'approche genre dans les rapports interpersonnels, expliquer les principes de l'approche genre dans les structures organisées » (MEBA, non daté[16], p. 484-494, je souligne).

De la sorte, si les programmes de ces trois types de dispositifs divergent par l'intensité et les outils de la promotion des savoirs locaux, ils montrent une certaine concordance dans les objectifs et les logiques qui sous-tendent l'usage des savoirs locaux à l'école, reflétant ainsi le consensus entre État, bailleurs et ONG sur ce thème. Les textes des programmes, relativement courts, laissent une grande latitude pour la manière dont les savoirs locaux sont traités dans les manuels scolaires. Les éditeurs peuvent jouer à ce niveau un rôle non négligeable. Ce sont eux qui choisissent les auteurs des textes et les illustrations qui ont une forte influence sur les élèves qui utilisent les manuels. Le poids des éditeurs est plus ou moins important selon la régulation que fait le commanditaire, l'État, qui ne produit généralement pas lui-même ses outils pédagogiques. Or les États africains francophones présentent une position relativement faible dans les circuits de commande et de validation des manuels. Cette situation s'explique par l'histoire de l'édition scolaire dans cette aire.

---

16. Les rapports et les documents du ministère ne sont pas toujours datés, ce qui ne signifie pas qu'ils ne sont pas officiels. En ce qui concerne les curricula, ils présentent des volumes très conséquents (voir bibliographie partie « documents officiels et rapports »).

Les manuels du formel sous l'emprise extérieure, de Lavisse à la Banque mondiale

La première génération de manuels scolaires utilisés en Afrique subsaharienne francophone est principalement constituée de manuels en français conçus pour les écoles métropolitaines ou les colonies d'Afrique du Nord (Ossété, 1996). Le manuel d'histoire de Lavisse (qui commençait par le désormais fameux « nos ancêtres les gaulois ») est devenu le symbole de cette importation d'ouvrages sur le territoire africain. En lecture, un seul manuel fait exception : celui de L. Blanc qui est conçu en 1899 spécialement à destination d'écoles subsaharienne (Soudan français). Il cherche à « former à la française l'âme de nos petits noirs » et à assurer « l'avenir de nos possessions ». Cette perspective assimilationniste est alors clairement développée : « Nous n'avons pas à instruire de jeunes Noirs. Nous avons surtout à créer des Français » (Blanc cité par Ouédraogo, 1997, p. 76).

À partir de la réorganisation de la scolarisation en AOF dans les années 1910, une seconde génération de manuels apparaît. Ils sont spécialement conçus pour l'Afrique de l'Ouest par des hauts fonctionnaires de l'administration coloniale ou des missionnaires. Ils rejettent la perspective assimilationniste : « *Allons-nous chercher à élever nos élèves en les rendant semblables à nous ? Non, certes, car nos méthodes d'Europe ne sauraient aucunement leur convenir. Leur intelligence s'accommoderait aussi mal de nos programmes que leurs estomacs de notre alimentation* » (Sonolet, Pérès, 1916, p. 8, cités par Ouédraogo, 1997, p. 78). Les manuels prônent plutôt une « adaptation » des contenus aux élèves subsahariens. Cette adaptation est destinée, comme nous l'avons vu, à les former à des fonctions clairement distinctes de celles des élèves français dans une logique « d'association » dissymétrique des deux peuples. Au même moment, en France, les théories évolutionnistes et raciales sont enseignées aux élèves de la métropole (Lewandowski, 2011b).

Après les indépendances, une troisième génération de manuels voit le jour. Ils prennent en compte le nouveau statut autonome des territoires et les nouveaux programmes scolaires, dans les pays qui ont eu le temps de les réformer ; mais ils sont toujours produits intégralement par la France (écrits par des instituts pédagogiques ou des groupes d'auteurs parisiens et édités à Paris) et financés en grande partie par elle (par le Fonds d'aide et de coopération français) ou par les organismes internationaux tels que l'UNESCO. Au Burkina Faso, différents accords sont signés avec l'ancienne métropole qui soumettent à conditions les dotations de manuels. Par exemple, les éditeurs des manuels subventionnés doivent être africains ou français, à l'exclusion d'autres pays[17].

Il faut attendre les années 1970 pour qu'une dernière génération de manuels apparaisse dont les auteurs sont majoritairement africains. Les premiers manuels de cette décennie sont produits par l'Institut pédagogique africain et malgache (IPAM). Viennent ensuite des manuels rédigés par des auteurs des pays concernés. Des cellules éditoriales sont instaurées au sein des instituts pédagogiques nationaux ; mais elles élaborent le cahier des charges ainsi que les contrats d'édition et d'impression uniquement avec les grandes maisons d'édition étrangères. Ce sont ces dernières qui se chargent de sélectionner les auteurs nationaux tout comme du reste d'élaborer et de produire le manuel (Hassana, 2000). Aujourd'hui, c'est Hachette International (filiale du groupe Lagardère par ailleurs actionnaire du groupe Le Monde et du Monde Interactif) qui « occupe 85 % des parts de marché de l'édition scolaire en Afrique subsaharienne francophone via les deux marques Edicef (Éditions Classiques d'Expression Française) et Hatier International » (Le Monde, 10.06.10)[18]. Cette situation de quasi-monopole est

17. Ce type de conditionnalités se retrouve dans les projets de développement subventionnés par la coopération française : par exemple, les véhicules (souvent des 4x4) financés ont longtemps dus être choisis parmi les marques françaises.
18. http://www.lemonde.fr/planete/article/2010/06/10/la-france-regne-en-maitre-sur-le-marche-des-manuels-scolaires-en-afrique-francophone_1370530_3244.html, consulté le 26 mai 2011.

liée à la mainmise historique d'Hachette sur le marché africain de l'édition scolaire (Ouédraogo, 1997). En 1961, Hatier (qui fait partie aujourd'hui du groupe Hachette) crée à Abidjan le Centre d'édition et de diffusion africain (CEDA) en suscitant une participation (minoritaire) de l'État et d'actionnaires ivoiriens (afin notamment de ne pas dépasser un certain quota de capital des firmes étrangères). En 1971, Hachette et Istra créent à Paris l'Édition classique d'expression française (EDICEF) : EDICEF a déjà suffisamment de poids en 1992 pour acheter une partie importante du catalogue d'une des grandes maisons d'éditions (les Nouvelles éditions africaines, NEA), consolidant ainsi sa position. En effet, les NEA ont été créées 1972 par Hachette, Nathan, Le Seuil, Présence Africaine, EDICEF et Armand Colin, avec comme pays associés la Côte d'Ivoire et le Sénégal, auxquels se rajouteront ensuite notamment le Togo et le Zaïre. En 1988, les NEA sont dissoutes, mais l'État ivoirien poursuit l'édition sous le nom de Bureau ivoirien des nouvelles éditions africaines (BINEA) jusqu'en 1992 où le BINEA est privatisé. Naissent ainsi les Nouvelles éditions ivoiriennes (NEI) et les Nouvelles éditions africaines du Sénégal (NEAS) aujourd'hui en grande difficulté économique. Les deux éditeurs travaillent avec Hachette International et EDICEF[19].

Les enjeux financiers sont importants : la forte expansion démographique de l'Afrique francophone et l'adoption du principe de la scolarisation universelle ouvrent un marché immense. Ce marché est désormais solvable : ce ne sont pas les familles qui payent les manuels (adoption de la gratuité des manuels dans la plupart des pays francophones), mais les États africains grâce notamment aux subventions internationales (EPT, *Fast Track Initiative*). La Banque mondiale, qui est devenue le principal bailleur de fonds des manuels scolaires (financés parfois aussi par la BAD et quelques aides bilatérales), lance des appels d'offre et recherche la candidature d'éditeurs locaux. Mais ces derniers ne sont pas en mesure de concurrencer des éditeurs comme Hachette. Les éditeurs français remportent les

19. http://www.editions-hachette-livre-international.com/dnn/Nospartenaires/tabid/67/Default.aspx, consulté le 2 juin 2011.

marchés directement ou au travers de maisons d'éditions africaines dont ils possèdent les parts ou avec lesquelles ils passent des accords (ils fournissent une formation et des aides en contrepartie d'un partenariat sur les appels d'offre) (Ouédraogo, 1997). De la sorte, les pays utilisent l'aide octroyée ou s'endettent (lorsqu'il s'agit d'un prêt) pour financer des maisons d'édition françaises comme Hachette qui produisent et éditent leurs manuels. Ce système permet à l'aide publique au développement (APD) du Nord de revenir en partie à des firmes du Nord en transitant par les États du Sud. Il permet également de renforcer sur le moyen et long terme les capacités des firmes du Nord au détriment des entreprises et des États du Sud en matière éditoriales : « [...] Après la commercialisation d'un manuel scolaire, l'éditeur du Nord s'est, en principe, constitué une marge bénéficiaire qui lui assure une certaine pérennité. Avec cette marge, il peut réimprimer [...], rééditer [...], et surtout concevoir et réaliser de nouveaux manuels et élargir son catalogue ; [Ainsi], non seulement le véritable éditeur qu'est l'État ne s'enrichit pas, mais sa dette s'accroît vis-à-vis des bailleurs de fonds » (Léguéré, 2003, p. 23-24).

Le marché de l'édition scolaire d'Afrique francophone assure en outre le maintien de la présence française sur le terrain africain : « Les éditeurs de manuels scolaires ont tendance à exercer leur activité à l'intérieur de leurs frontières nationales à l'exception du Royaume-Uni et de la France où plusieurs grandes maisons d'édition approvisionnent un vaste marché étranger composé principalement des anciens territoires coloniaux respectifs de ces deux pays qui y ont exercé et exercent leur influence culturelle et linguistique » (Pingel, 1999). L'objectif politico-économique de la France est clairement exprimé par le ministère français des Affaires étrangères : « L'action culturelle est étroitement liée à l'action politique et économique qu'elle précède, qu'elle appuie et qu'elle complète. Elle contribue directement à la puissance de notre pays sur le plan international » (Plan quinquennal d'expansion culturelle cité par Ouédraogo, 1997, p. 97). Ces objectifs ne sont pas de nature à favoriser des lignes éditoriales endogènes concernant les savoirs locaux et les civilisations africaines.

Les manuels en langues nationales : reprise de souveraineté ou business des ONG ?

Sur le marché des livres en langues nationales, les firmes étrangères sont moins bien positionnées. Bien que ce secteur soit plus restreint et concerne surtout les documents d'alphabétisation et de post-alphabétisation, la généralisation du bilinguisme dans les écoles publiques pourrait ouvrir de nouvelles opportunités. Mais, pour le moment, les États n'ont pas non plus beaucoup d'emprise sur ce domaine : l'ensemble de la chaîne éditoriale est tenu par des ONG comme le montre l'exemple burkinabè. Il existe peu d'éditeurs scolaires privés dans le pays car les ONG leur font une concurrence inégale en disposant de subventions de la part des organisations internationales de détaxes et de prêts bancaires (Hassana, 2000, p. 25). Les auteurs sont des « auteurs-éditeurs » : « Ils définissent le cahier de charge, élaborent le manuscrit, ils s'occupent souvent de l'illustration et jouent le rôle de coordinateur entre la personne chargée de la mise en page et l'illustrateur s'il y en a et s'occupent du suivi des travaux d'imprimerie. Ils font de plus la formation des maîtres utilisateurs. Les seules responsabilités qui ne leur incombent pas totalement sont les travaux d'imprimerie et la distribution de leur propre produit [...] Ils ont en général un engagement personnel et politique en faveur des langues nationales » (Hassana, 2000, p. 12). La plupart du temps, ils sont linguistes et responsables d'ONG (au Burkina Faso, l'OSEO, Tin Tua, ELAN-D).

Au Burkina Faso, l'OSEO travaille avec ELAN-Développement (qui joue un rôle d'éditeur) et avec l'imprimerie de Manegdbzânga. Les livrets sont produits par des universitaires, des membres de l'Institut national d'éducation de base non formelle (INEBNF), des inspecteurs de l'enseignement primaire, des pédagogues, etc. Ils sont produits à destination des centres d'alphabétisation et des écoles bilingues reprises par l'État (OSEO-MEBA). La plupart de ces livrets sont conçus en français avant d'être traduits (Halaoui, 2006), ce qui influence leur structuration logique et leur contenu. L'association Tin Tua, elle, dispose de sa propre imprimerie. Elle édite divers livrets qu'elle utilise (alphabétisation, CBN1, CBN2) ou vend à des opérateurs d'alphabétisation. Par exemple, dans la Gnagna, les treize opérateurs d'alphabétisation utilisent les livrets Tin Tua. Il existe des ouvrages en gourmantché, mais aussi en moré, fulfuldé, zerma et haoussa (langues les plus parlées à l'Est, zone d'intervention principale de l'association). Tin Tua a un accord depuis 1991 avec l'actuel institut d'éducation non formel (INEBNF ex-Institut national de l'alphabétisation, INA) pour produire des syllabaires et autres documents en gourmantché. L'association produit également le journal en langue locale qui a le plus fort tirage du Burkina Faso, *Labaali* (entre 3 500 et 4 000 exemplaires).

Quant au ministère de l'Éducation, il est censé (au travers de l'Institut national d'éducation de base non formelle, INEBNF) réaliser la coordination nationale des manuels en langues nationales, mais il peine à remplir ses mandats. La fonction pédagogique de l'institution est globalement remplie (recherche linguistique appliquée ; études sur les programmes, méthodes et outils ; contrôle et supervision des activités de promotion des moyens pédagogiques). Mais son mandat de formation des auteurs et des autres intervenants en début et en fin de production des manuels n'est réalisé que ponctuellement. Quant à son mandat éditorial, il n'est pas appliqué : l'État peine à « gérer l'ensemble des activités liées à la conception, à l'élaboration des contenus, aux expérimentations, aux corrections, à la saisie, aux aspects artistiques et graphiques, aux maquettes, à la prépresse, à l'impression, à la commercialisation, ou à la mise à disposition du matériel pédagogique utilisé [... La gestion] échappe parfois à son contrôle puisque dans certains cas, des structures autonomes (l'OSEO ou Tin Tua) produisent elles-mêmes leurs ouvrages pédagogiques sans se préoccuper de recevoir une validation de la part de l'INEBNF » (Traoré, Ouellette, 2003, p. 11). Du fait notamment des appuis qu'elles reçoivent des coopérations internationales, ces ONG sont souvent plus puissantes dans leur domaine que les services étatiques censés les coordonner et les contrôler. Au point que parfois ce sont ces ONG qui appuient l'État et non l'inverse. Par exemple, l'INEBNF a produit elle-même des syllabaires et des guides d'animateurs dans une vingtaine de langues ainsi que des documents de calcul ; mais il n'a pas développé sa propre méthode : il a relayé la méthode ALPHAA de l'OSEO. De même, l'imprimerie étatique de l'INEBNF a été créée en 1983 avec l'appui de l'OSEO par des dotations et des formations (de 1985 à 1997). Enfin, certains agents de l'État (INEBNF) interviennent comme prestataires de services pour élaborer des manuscrits ou pour faire des traductions pour le compte d'opérateurs (ONG) qui deviennent provisoirement leurs employeurs. Les livrets ainsi produits sont commandités, réalisés et approuvés par les mêmes personnes agissant tantôt comme fonctionnaires de l'État, tantôt comme prestataires de services d'ONG. Le récent regroupement de l'Institut pédagogique du Burkina, IPB (pour le formel) et de l'INEBNF (pour le non-formel) dans la Direction générale de centre de recherche, des innovations éducatives et de la formation (DGCRIEF) pourrait renforcer les services étatiques dans leurs fonctions de coordination éditoriale, mais seulement si l'État alloue davantage de moyens à cette fonction. Globalement, les politiques éditoriales dans le secteur scolaire formel comme non formel favorisent plutôt l'emprise de firmes étrangères, de bailleurs de fonds et d'ONG qu'une coordination nationale de supports de savoirs. En réalité, il s'agit d'une circulation de personnes et de finances entre différentes entités supposées séparées (bailleurs, État, ONG, multinationales, bailleurs de fonds).

Les centres d'émission des discours officiels sur la question sensible des savoirs locaux se sont déplacés : alors qu'il revenait aux métropoles puis aux jeunes États de se positionner sur la question, cette prérogative est désormais captée par un ensemble multiforme d'acteurs étatiques et non étatiques. Ces derniers entretiennent entre eux d'étroites relations comme le montre l'exemple des transferts techniques et financiers du marché de l'édition entre bailleurs de fonds comme la Banque mondiale, États, multinationales comme Hachette International (pour les manuels en français) et ONG (pour les ouvrages en langues nationales). Ces interrelations matérielles sont accompagnées de circulation d'idées entre ces acteurs qui produisent ainsi progressivement une nouvelle *doxa* dominante. Alors que les métropoles posaient la question des savoirs locaux en termes de logiques « d'intégration », « assimilation » et « association » (subordination) des peuples et de leurs savoirs, les jeunes États indépendants, soutenus par quelques institutions comme l'UNESCO, ont tenté de sortir de ces approches en proposant une conception des savoirs locaux et de leur transmission scolaire comme moteur de conscientisation et d'émancipation des classes populaires et des peuples autochtones. Aujourd'hui, les nouveaux acteurs de l'éducation abordent les savoirs locaux au travers de la problématique « d'adaptation » aux populations démunies. Cette adaptation est présentée comme une nécessité technique pour obtenir de bons résultats scolaires et économiques. Par exemple, les langues nationales, sont aujourd'hui davantage promues au nom de la réussite scolaire (en français) et de l'augmentation des taux de scolarisation, que pour une restructuration globale de la hiérarchie des langues et de leurs porteurs dans les pays. La question n'est plus « quelle place accorde-t-on aux personnes et aux groupes sociaux détenant les savoirs locaux ? » mais « quels impacts économiques ont ces savoirs ? ». Dans le chapitre qui suit, nous allons voir qu'au-delà de ce consensus global, subsiste une différence de traitement des savoirs locaux dans les dispositifs scolaires des États et des ONG en raison des multiples paramètres qui régissent les conditions sociales de leur transmission en classe.

3

Les savoirs locaux en classe

Ignorance, instrumentalisation, renforcement

« *Objectif : amener les apprenants à prendre conscience du fait que certaines coutumes méritent plus d'être valorisées et répertoriées que d'autres* »
Manuel d'alphabétisation[1].

La situation des acteurs du champ éducatif, à partir des jeux financiers (financement des politiques publiques, marché de l'édition), des positions idéologiques (captation du discours légitime sur les finalités des savoirs locaux et scolaires) et de la structuration du système scolaire (mise en œuvre de dispositifs éducatifs plus ou moins insérés au village) a des conséquences précises sur le traitement des savoirs locaux dans les corpus des manuels et dans les classes. À ce niveau, les caractéristiques objectives des enseignants (variété des statuts, des formations, des trajectoires) et leurs motivations individuelles jouent

1. Guide causerie, Coopération suisse, non éd., p. 33-34.

également un rôle majeur dans les interactions en classe entre maîtres et élèves, au cours desquelles les curricula réellement dispensés se révèlent. Quel que soit le dispositif, plus l'enseignant est motivé – pour des causes personnelles et matérielles – et maîtrise le contenu de son enseignement, plus la pédagogie est active (au sens large du terme). Lorsque la pédagogie est active, la langue locale est utilisée davantage (quel que soit le dispositif) et les savoirs locaux sont évoqués plus directement par les enseignants. Les savoirs locaux sont alors traités selon cinq procédés principaux : ignorance, rejet, instrumentalisation, reconnaissance et renforcement tacite. Quatre procédés sont déjà utilisés par les différents décideurs évoqués auparavant dans les textes d'orientation de politiques éducatives (chartes internationales, lois et programmes décennaux nationaux), dans les programmes et les manuels scolaires. Nous montrerons ici que ces procédés sont utilisés en classe par les enseignants ; et que les pratiques de certains enseignants constituent un renforcement tacite. Le chapitre examinera d'abord les techniques utilisées dans les écoles publiques en français, puis celles pratiquées dans les écoles bilingues. Il analysera ensuite les procédés plus complexes de valorisation tacite dans les centres d'alphabétisation et la non-explicitation des catégories cognitives locales dans l'ensemble des dispositifs. À partir de données sur les espaces d'instruction en zone rurale au Burkina Faso, le chapitre souligne l'importance méthodologique de distinguer catégories cognitives et savoirs pratiques dans l'analyse de la transmission des savoirs.

Écoles publiques : ignorance, rejet, instrumentalisation

La prise en compte des savoirs locaux dans les écoles publiques est influencée comme nous l'avons vu au Burkina Faso par le fait que ces écoles symbolisent souvent au village l'héritage colonial ; leurs enseignants, généralement non gourmantchés, ont des difficultés à s'intégrer localement ; et leurs manuels sont édités par des firmes françaises qui ont la charge de sélectionner et coordonner les auteurs. Ici, nous allons voir que la pédagogie frontale qui y est utilisée est peu propice à valoriser les savoirs locaux. Puis nous montrerons les procédés les plus fréquemment utilisés dans les classes : l'ignorance et la dévalorisation des savoirs locaux. Enfin, nous montrerons, en prenant l'exemple du conte, le mécanisme selon lequel des savoirs locaux peuvent être également instrumentalisés et déconnectés de leurs catégories cognitives originelles.

Une pédagogie frontale

La formation initiale des instituteurs des écoles publiques classiques est dispensée au Burkina Faso dans les Écoles nationales des enseignants du primaire (ENEP). Les discours pédagogiques officiels y sont généralement d'une remarquable complexité. Par exemple, le *Guide pédagogique* en vigueur prône globalement une « pédagogie active » avec de multiples distinctions : méthodes dogmatiques ou traditionnelles, méthodes interrogatives ou socratiques, méthodes intuitives, méthodes actives ou participatives, méthodes attrayantes, méthodes inductives ou déductives, méthodes de résolution des problèmes et méthodes de clarification des valeurs (MEBA/PAEN, 2003). Mais le niveau des élèves-instituteurs est souvent trop faible tant pour comprendre ces distinctions théoriques que pour les réutiliser dans leur pratique. En témoigne cette copie d'élève-instituteur (orthographe, ponctuation et ratures originelles) : « – *Le stage pratique a-t-il consolidé vos connaissances dans l'enseignement des différentes disciplines ? Justifiez votre réponse. – En se rappelant de la pensée de Rabellais qui disait que "la théorie sans la pratique n'est que ruine de l'âme". On pourra dire que, la pratique a beaucoup contribué à la consolidation de ~~nos~~ mes connaissances. En effet, c'est dans la pratique qu'on a vu la réalité des choses. De mon côté j'avais des difficultés pour maîtriser les méthodologies en ~~pratique~~*

théorie, mais lorsque j'ai Commencé à pratiquer, je les mémorisais au fur et à mesure. Avec l'aide de mes maîtres et de mes maîtresses conseillers, j'ai su ce qu'un directeur d'école et chaque maître de classe doit tenir comme document. Il faut~~m~~ noter aussi que j'ai ~~eu à~~ participer à une des réunions pédagogiques qui a ouvert un peu mon esprit sur la notion de PDDEB » (cahier d'élèves-instituteur de l'ENEP de Fada N'Gourma, 2003-2005). Les instituteurs n'ont souvent jamais vu pratiquer de pédagogie active, ni dans leur formation initiale à l'école, ni dans leur formation professionnelle dans les ENEP. Les professeurs de l'ENPED dispensent parfois leurs cours en les dictant ; les manuels de formation des maîtres découragent les questions ouvertes (au profit des QCM) et ne prennent pas en compte les spécificités africaines. Or on sait que les stades de développement psychomoteurs ont des écarts chronologiques notables selon les cultures (Lalo, 1988, p. 77) et que la structuration familiale dont dépend en partie l'éducation est fort différente en Europe et en Afrique (Rabain, 2005).

La formation continue, qui est censée être réalisée notamment au travers des Groupes de recherche d'animation pédagogique (GRAP), ne parvient généralement pas davantage à rendre plus concrète et plus adaptée la pédagogie théorique enseignée. Ces rencontres sont souvent perçues comme une obligation et une « *souffrance* » supplémentaire : selon un enseignant, « *C'est une fois par mois, et c'est obligatoire : on fait l'appel* [des présents]. *Plusieurs villages se regroupent, on n'a rien comme frais de déplacement. On cotise même et à la fin de l'année, on récolte 50 000 F CFA pour la clôture. Les patrons viennent et ce sont eux qui bouffent plus encore parce qu'on a peur d'eux, on leur met tout devant !* ». La question de la pédagogie et surtout les réponses qui y sont apportées la plupart du temps sont considérées comme un luxe pour les enseignants : « *On n'est pas contre appliquer de nouvelles choses, mais à condition que les "pédagogues de bureau" n'alourdissent pas le programme !* » déclare un instituteur.

Au-delà de ces insuffisances de formation, les observations de classe montrent que les attitudes pédagogiques des instituteurs sont variables. Trois types d'instituteurs se dégagent dans les écoles publiques en français[2]. Le premier type d'enseignant (peu fréquent) est directif, mais il sollicite beaucoup ses élèves. Le second type recherche la participation des élèves au risque de voir l'ordre de sa classe perturbé. Le troisième type d'enseignant est de loin le plus fréquent : il a pour principale préoccupation de faire régner l'ordre. L'instituteur ne se montre pas très intéressé par son propre cours. Il y a très peu d'échanges verbaux, peu ou pas d'explications et peu de déplacements du maître dans la classe. Les questions posées par les enseignants ne sont en réalité que des demandes de confirmations que les enfants suivent bien le maître : « *C'est vrai ?* » ; « *N'est-ce pas ?* ». La succession officiellement prônée pour les leçons « actives »[3] est souvent respectée : (1) un exercice amène les enfants à dégager une règle, (2) le maître fait formuler cette règle aux enfants et l'écrit au tableau, (3) plusieurs exemples sont donnés et les enfants doivent découvrir le titre et le résumé de la leçon, (4) ils copient la leçon sur le cahier. Mais dans les classes tenues par ce type d'enseignant, comme il n'y a ni

---

2. Les grilles d'observation de classe concernent la communication du maître et des élèves, les types de pédagogies utilisées, l'usage des langues, de l'écriture et des graphismes, l'évocation des savoirs locaux, l'utilisation de l'espace, l'organisation individuelle ou collective des travaux, et les dimensions de la personne sollicitées. Les grilles sont remplies chronologiquement lors du cours avec le maximum de détails possibles, reproduction des phrases orales ou écrites et notes sur les comportements. Elles sont complétées par des photographies et parfois par des enregistrements sonores. Elles sont systématiquement remplies par deux personnes (moi-même et un enquêteur gourmantché formé) : les deux grilles sont ensuite confrontées, complétées et analysées. L'observation avec cette grille est toujours suivie d'un entretien avec l'enseignant, puis d'observations et d'entretiens plus informels avec les enfants lors des pauses. Cinquante observations formelles de classes ont été effectuées, dans 34 établissements scolaires différents. Lorsque cela s'est avéré possible, certains ont fait l'objet d'un suivi sur plusieurs mois.
3. Pour ne pas entrer dans des débats théoriques sur ces distinctions et au regard des réalités observées sur le terrain (voir *infra*), n'est conservée ici que la notion de pédagogie « active » : elle comprend toutes les pratiques qui engagent une participation des élèves dans les cours dépassant l'exécution d'ordres.

explications ni analyses, le cours devient une simple série d'éléments présentés « à rebours ». Pour diriger les enfants, il utilise le rythme, la peur et le classement. Notamment, les exercices de calculs et d'écriture se déroulent ainsi : « *Sortez vos ardoises, levez la craie : j'ai trois bonbons, j'en donne un à mon frère, combien m'en reste-t-il ?* » ; l'enseignant lève un bâton très haut qu'il abat sur une table en faisant sursauter les plus petits ; les enfants écrivent à la hâte ; le bâton s'abat à nouveau, « *levez les ardoises* », les enfants s'exécutent ; l'enseignant désigne avec son long bâton les ardoises une à une (sur place ou en se déplaçant dans les rangs : « *c'est bien, c'est mal* ») ; « *ceux qui ont trouvé, debout, les autres restez assis. Regardez ceux qui sont assis, est-ce que c'est bien ?* ». Certains enfants, paralysés par la peur et la rapidité, n'arrivent pas à écrire, alors qu'ils réussissent l'exercice dans d'autres conditions. L'enseignant n'explique jamais les fautes. Il s'adresse aux enfants en criant ou avec une fermeté indifférente. Les enfants réagissent généralement en obéissant : en silence, ils croisent les bras ou exécutent les tâches indiquées ; certains dorment. Parfois, il y a du chahut, mais le maître les rappelle très vite à l'ordre. Outre les coups, les méthodes de punitions sont variées et généralement individuelles : faire faire « le pilori » (les mains croisées devant la tête pour attraper les deux oreilles, l'enfant fait des génuflexions), des « pompes », des chansons, etc. Avec ce type d'enseignant, les enfants des petites classes restent motivés pour répondre aux questions ; mais dans les grandes classes, ils sont plus apathiques. Aucune explication n'est jamais donnée sur les règles implicites qui régissent les exercices demandés. Même les instructions ne sont parfois pas données. La pédagogie est à la fois autoritaire et non explicite, contrairement à l'image que l'on peut avoir, en France par exemple, des « bonnes vieilles méthodes », autoritaires mais plus claires et plus égalitaires pour les enfants que les nouvelles méthodes de « l'autonomie » (selon l'expression de Lahire, 2006). De la même manière, les inspecteurs peu compétents se montrent très rigides et coercitifs avec les enseignants : « *Les méthodes actives peuvent mettre en péril l'autorité* ». C'est donc parfois toute une chaîne d'autorité qui est mise en place au détriment du contenu transmis. Ce type d'enseignant est souvent absent (maladie, voyages, fêtes familiales, etc.). Lorsqu'il est présent, il peut sortir régulièrement de la classe pour se relaxer dehors, en désignant un élève pour interroger les autres sur un exercice. Il peut aussi rester en classe et faire exécuter des exercices pendant un temps plus long que nécessaire, pour se reposer. Sorti de sa classe, il travaille un strict minimum. Il existe même des enseignants qui, aigris et abattus par leurs conditions de vie au village, cessent d'enseigner et passent tout la journée chez eux, laissant les enfants sans maître : « *Dans ces conditions-là, moi, j'ai laissé la craie* ».

La violence physique, interdite dans les textes réglementaires, continue à être quotidiennement utilisée dans les écoles publiques (chicote, gifle, câble de moto, coup de pied aux fesses, soulèvement par la peau des hanches, etc.). Les coups sont parfois bien acceptés par les élèves : comme le montre cette fillette gourmantchée de douze ans dans cet entretien : « – *Et les maîtres ? – Ils m'aiment très bien – Comment tu sais qu'ils t'aiment très bien ? – Surtout mon maître-là, si je m'amuse, il me frappe, et dit : "C'est comme ça vous faites et vous êtes nuls. Tu vas redoubler encore !*" ». Ce type d'acceptation est présent dans les situations où le maître se montre proche des élèves et cherche à les faire progresser. Ses coups sont compris de la même manière que ceux fréquemment reçus dans l'éducation communautaire et familiale : comme un mode d'apprentissage. L'usage de la force physique est fréquent dans l'éducation familiale et communautaire. Frapper est une composante essentielle de la pédagogie communautaire, car elle est censée provoquer une souffrance éducatrice (Lewandowski, 2007d). Les enfants sont frappés dans les camps de circoncision (bien qu'ils soient moins rigoristes aujourd'hui) mais aussi dans la cour (à la maison) : l'enfant, laissé particulièrement libre dans la journée, sera sévèrement puni physiquement s'il enfreint certaines règles. Dans les lieux où il côtoie les adultes, il est alors sommé de ne pas parler et de ne pas se faire remarquer, même en posant une question. La violence physique de la part d'un instituteur bien intégré au village et attentif à ses élèves est donc bien tolérée.

En revanche, la violence est mal acceptée lors qu'elle est assortie d'une violence symbolique de la part de l'enseignant (Baux, Lewandowski, 2009). Dans ces situations d'association de violences physiques et symboliques, l'intensité de la violence physique peut être forte : comme l'explique un ancien élève « *[...] ma sœur, une cousine. Elle, elle était bonne à l'école, mais le jour d'une composition, elle a demandé à sortir pour aller aux toilettes et le prof a dit qu'on ne sortait pas en pleine composition et il a commencé à la frapper sur la nuque ; il l'a tellement blessée, que sa robe était mouillée de sang tout le dos comme ça. Il frappait avec une courroie de L2, P50 [mobylette]. Avec les trucs comme ça là [des dents]. Un jour, il a dit aux élèves de payer ça [une courroie] amener. Les élèves ont refusé. Le lendemain, il a coupé la courroie de sa moto (P50) pour frapper les élèves [...] Elle a quitté l'école comme ça. Elle avait peur qu'il la tue. Alors qu'elle était première. Maintenant, elle est mariée. Elle a déjà un enfant [à 19 ans] mais ça a l'air d'aller* ». Dans ce type de situations, la violence physique est associée à une violence symbolique exercée par les enseignants qui ne connaissent pas bien le milieu de leurs élèves ou qui, le connaissant, cherchent eux-mêmes surtout à en sortir. La violence symbolique se retrouve dans les « rites scolaires », pour reprendre l'expression de Suzie Guth (1997), alors transformés et réinterprétés dans un rapport de classes sociales, notamment en ce qui concerne les rites punitifs et les rites de gratification. Elle est visible aussi dans l'ignorance et le rejet des savoirs locaux.

L'ignorance et le rejet des savoirs locaux

L'ignorance est l'un des procédés récurrents dans les manuels et dans les cours des écoles publiques en français. Prenons l'exemple d'une discipline importante au primaire : les mathématiques. En mathématique, le calcul monétaire gourmantché est systématiquement ignoré dans les écoles publiques (comme d'ailleurs dans l'ensemble des dispositifs existants). En gourmantché le nom des chiffres est fondé sur un système décimal (1 : *nì yènd ò* : « homme-un », 11 : *pìiga ń yendo* : « homme-dix et un [humain] » : 10 + 1, 20 : *níb píí-lie* : « humains dix deux » [deux fois dix] : 10 x 2). Mais l'unité traditionnelle pour compter la monnaie est quinquennale : l'unité est *kùuugà*, la pièce de 5 FCFA. Ainsi, « 10 FCFA » se dit : *kùumú líe* qui signifie « deux kuumu » (5 x 2 = 10). Par exemple, le nombre 3 467 se dit : *tùda-tà ń kòbí-nà ń píí-luoba ń boňb lèlé* : « mille-trois et cent-quatre et dix-six et choses sept » ; tandis que le prix 3 467 FCFA se dit 3 467 / 5 = 693,4 : *kòbí-luóba ń pií-yìa ń kuumú tà ń et tàmmó naà* « cent six et dix neuf et pièces de 5 f. trois et tàmmó quatre » (Tańmà = 1 FCFA). Cette différence, entre la manière de nommer un nombre dans son usage abstrait et la manière de le nommer quand il désigne un prix, oblige les jeunes Gourmantchés à exercer une certaine gymnastique intellectuelle pour ne pas se tromper. L'enfant qui sait dire à la fois les chiffres et les prix en gourmantché est considéré comme sachant compter un minimum et envoyé faire des courses (comme le fait également remarquer Dominique Vellard à propos des jeunes bambarophones au Mali, Vellard, 1988). La complexité des différents procédés logiques utilisés par les analphabètes pour les additions, soustractions, multiplications et divisions mentales conduit à nuancer les distinctions entre une société sans écriture et les autres (Goody, 1977). Selon D. Vellard, « [...] il n'y a sans doute pas de différences fondamentales entre des sociétés orales ou écrites en ce qui concerne l'existence de systèmes de numération sophistiqués ; la capacité pour un individu d'y effectuer des calculs mentaux abstraits complexes nécessitant une combinaison de procédures élémentaires ; l'expression de raisonnement formel » (Vellard, 1988, p. 205). Ces systèmes de calculs mentaux ne sont pas pris en compte dans les dispositifs scolaires, ni pour les enfants, ni pour les adultes : les apprenants « se retrouvent aux prises avec une vieille méthode directement issue de l'enseignement primaire classique infantilisante pseudo-adaptée au milieu (on a remplacé les billes par des œufs pour faire "rural"), aboutissant à des résultats opérationnels nuls ou dérisoires en deçà des performances antérieurement obtenues par les méthodes traditionnelles de calcul mental » (Dalbéra, 1990, p. 4). Au lieu de s'appuyer sur le savoir préexistant, l'école l'ignore et plaque un nouveau système de calcul alors qu'« une clarification du pourquoi du conflit [cognitif entre les deux systèmes de calcul] peut éviter que le nouvel alphabétisé ait à la fois perdu son aptitude à compter mentalement et qu'il n'ait pas eu suffisamment d'entraînement pour savoir utiliser correctement les techniques écrites enseignées. Il ne faudrait pas lui imposer celles-ci mais plutôt qu'il perçoive la possibilité d'écrire une partie ou la totalité de son calcul mental comme un outil supplémentaire renforçant ses chances de réussite de ses propres méthodes : écrire des résultats partiels par exemple » (Vellard, 1988, p. 204). Cette ignorance des savoirs pré-acquis des élèves peut être source d'échec scolaire comme le rappelle Ramognino sur un terrain français : « La différence de culture n'est pas un obstacle pour l'acquisition d'une "culture scolaire" mais la hiérarchisation, la déculturation et le mépris, la déconstruction d'autres cultures le sont » (Ramognino, 2004, p. 10).

Dans les écoles publiques classiques, lorsque les savoirs locaux ne sont pas ignorés, ils sont la plupart du temps rejetés. Les pratiques de rejet dans les manuels et en classe ont déjà fait l'objet d'une publication (Lewandowski, 2007c). Le discours « officiel » des enseignants les résume bien. Nous avons adressé un questionnaire par l'intermédiaire de la DPEBA à toutes les écoles formelles existantes dans la Gnagna en 2003. Le taux de réponse (sur 195 questionnaires) pour les écoles primaires est d'environ deux tiers (129, soit 66 %). Ce taux est assez élevé étant donné l'éloignement des écoles, les conditions de vie des instituteurs et leurs difficultés d'écriture. On peut supposer que les instituteurs qui ont répondu étaient davantage impliqués dans leur métier ou davantage contraints par leur hiérarchie que les autres. La plupart de ceux qui ont répondu ont pourtant présenté la vie familiale et villageoise comme folklorique ou à rejeter. La question suivante a été posée : « *Durant vos cours, parlez-vous de la "tradition"* [4] *et de la vie familiale ou villageoise dans lesquels vivent vos élèves ? Par exemple, de quoi parlez-vous ? Pourquoi ?* ». Quarante-quatre des 63 instituteurs ont répondu à cette question et 42 ont déclaré parler du milieu de leurs élèves en classe. Beaucoup d'exemples concernent les fêtes villageoises et la vie familiale, considérées plutôt positivement. Un enseignant explique qu'il évoque ces pratiques : « *Pour qu'ils ne perdent pas les valeurs de leur culture* ». Mais de nombreux éléments sont jugés, au contraire, négatifs et à rejeter : *saleté et maladies, excision, polygamie, incivisme, mariage forcé, refus de l'école, lévirat, scarifications, mentalité*, etc. Un enseignant déclare à ce sujet : « *[Je parle des] pratiques ancestrales néfastes. Pour que les enfants en grandissant abandonnent ces pratiques-là* ». Dans les pratiques en classe, certains enseignants refusent de parler des savoirs locaux : « *Ce n'est pas prévu dans les horaires de parler des savoirs locaux* ». Lorsqu'ils les évoquent, c'est souvent pour les rejeter, les détruire. Les expressions des enseignants sont parfois fortes à ce sujet (« primitivité »). Un instituteur explique aussi : « *C'est comme la lèpre. Ici, ils disent que c'est quelqu'un qui a le pouvoir de te donner ça. C'est difficile, il faut vraiment leur faire un lavage de cerveau* ». Au-delà de l'ignorance et du rejet, un autre procédé s'observe souvent dans les classes : celui de l'instrumentalisation. Ce procédé est particulièrement visible dans la différence que nous allons voir entre les contes communautaires et les traitements des contes en milieu scolaire.

---

4. Cette formulation particulière provient en partie des conseils des enseignants auprès desquels a été testé le questionnaire avant qu'il ne soit diffusé : les expressions de « savoirs locaux » ou de « savoirs et pratiques coutumières » par exemple ne leur ont pas semblé compréhensibles car, dans la province, tout le monde utilise le terme de « tradition » à ce sujet.

Le rapport au savoir coutumier : exemple du conte communautaire

Bien que les contes soient moins fréquemment transmis qu'auparavant en famille et entre voisins, ils demeurent une pratique courante dans les villages les plus isolés : en l'absence d'électricité, ils animent de longues soirées (Lewandowski, 2008a). Pour les Gourmantché, le terme *tèlìmí* désigne les contes en général (racontés la nuit). Parfois, le terme de *kpànjama* est utilisé pour désigner des histoires drôles que les adultes ou les enfants se racontent entre eux en journée (histoires de malchances, de stupidité...). Ces deux termes (*tèlìmí* et *kpànjama*) sont bien distingués de *o tiegilu* qui désigne l'histoire de la famille ou du village qu'un vieux peut raconter uniquement à sa famille dans un moment solennel. J'appellerai le *tèlìmí* un « conte communautaire » pour le distinguer de l'usage qui en est fait à l'école. Pour mieux comprendre sa transformation scolaire, il est nécessaire de souligner d'abord que le conte communautaire est à la fois un savoir et une source de savoirs. Prenons l'exemple d'un conte recueilli auprès d'une jeune agricultrice dans la Gnagna[5], traduit ici en français de manière non littérale, mais en suivant de près le texte gourmantché.

5. Cent six contes ont été recueillis dans les villages en langue gourmantchée, ils ont été ensuite retranscrits à l'écrit en gourmantché, puis traduits en français. Ils ont été enregistrés lors de soirées de contes ou lors d'entretiens, principalement auprès de personnes non fonctionnaires résidant dans des chefs-lieux ou dans des villages avec ou sans école (avec une part de femmes, de jeunes et d'enfants plus importante que dans les entretiens). Vingt de ces cent-six contes concernent plus spécifiquement la question de la connaissance, telle qu'elle est perçue par les interlocuteurs.

Figure 1
« La calebasse », conte, Benbedeni, 2003

Conte : « La calebasse »

« Il y avait un homme qui a pris sa femme. Elle lui a donné dix enfants. Il a planté les *tangu* [calebassiers]. Les plantes ont produit beaucoup. La mère partait au champ et laissait les enfants à la maison. Si la calebasse sortait, elle venait derrière la maison et disait : “*Tinbila-tinjaan-tibidu*, [onomatopées formées à base de mots comme bila (‘enfant’)] bonjour”. Les enfants lui demandaient comment ils devaient répondre. “Répondez : ‘nous en voulons un’”. Elle rentrait, avalait un enfant et ressortait. Le papa est venu. Ils [les parents] ne se sont pas rendu compte qu’il manquait un enfant. Le lendemain, la calebasse est venue encore enlever un enfant et elle est repartie. Les parents sont venus et ils ne se sont pas encore rendu compte. C’est ainsi qu’elle enlevait jusqu’à ce qu’il reste deux enfants. La femme a dit qu’il ne leur reste plus d’enfants. L’homme a dit qu’il va se cacher pour voir ce qui vient prendre leurs enfants. Depuis sa cachette, il a entendu la calebasse qui venait en marchant. Il a couru aller dire à sa femme : “Ce qui vient manger nos enfants est grand”. Sa femme a dit : “Donc, je vais aller me cacher voir”. Elle a pris le *lààlù* [spatule en bois avec lequel elle prépare le tô]. Elle est allée se cacher. Elle entendait la calebasse qui marchait et venait. Elle s’est bien cachée davantage et a écouté. La calebasse a dit : “bonjour les enfants” et en a demandé encore un pour l’avaler. Elle rentrait pour l’avaler lorsque la mère a sauté et a tapé la calebasse qui se divisa en deux. Une moitié est devenue la terre et l’autre le ciel ».

Si l’on considère le conte comme un vecteur de savoirs, il est nécessaire de prendre une distance avec le réflexe qui consiste à rechercher « le » sens d’un conte. Celui-ci est la version gourmantchée d’un conte connu en Afrique de l’Ouest et que Denise Paulme (1976) intitule « *La mère dévorante* » (partie du titre de son célèbre ouvrage). Paulme fait de ce conte une interprétation psychologique : la calebasse peut représenter la tendance de la mère à étouffer ses enfants, « la mère dévorante ». On pourrait multiplier les propositions d'analyses non pas pour rivaliser de justesse d'interprétation, mais tout simplement parce que le conte est par essence polysémique : une interprétation n'exclut pas l'autre. Le conte est à la fois « *futile, utile et instructeur* » (Hampâté Bâ, 1990, p. 7)[6]. Le conte peut se comprendre ainsi à plusieurs niveaux à la fois : « *Il faut apprendre à écouter les contes, les enseignements, les légendes ou à regarder les objets à plusieurs niveaux à la fois. C'est cela en réalité, l'initiation. C'est la connaissance profonde de ce qui est enseigné en parole muette* » (Hampâté Bâ, 1990). Les auditeurs découvrent progressivement « les » sens du conte selon leur maturité, leurs préoccupations et les savoirs qu'ils ont pré-acquis qui varient selon l'âge, le sexe, la famille d'appartenance, etc. On peut distinguer au moins trois niveaux de compréhension. Le premier est narratif, le second social (psychologique et philosophique) et le troisième ésotérique (Lewandowski, 2007c). Seul le premier est explicite, les autres sont tacites.

Le niveau narratif est surtout distrayant ; il met en scène des héros et des antagonistes (ici la mère et la calebasse) avec parfois une fin morale explicite, qui peut d'ailleurs être en contradiction avec une autre morale implicite. Le second niveau est interprétable d'un point de vue psychologique ou d'un point de vue social. Par exemple, la calebasse peut représenter une autre femme qui vient perturber le foyer et l'éducation des enfants, évoquant ainsi les problèmes liés à la polygamie. Une autre interprétation sociale pourrait aussi être faite en terme de genre : la calebasse est symbole de la féminité (par sa rondeur), de la fécondité (comme le décrit Cartry à propos du rite d'excision dans la zone gourmantchée de Matiaga), du foyer, de

---

6. Préambule traditionnel au grand conte initiatique peulh Kaïdara, cité par H. Heckeman in Amadou Hampâté Bâ : « *conte, conté, à conter... Es-tu véridique ? Pour les bambins qui s'ébattent au clair de lune, mon conte est une histoire fantastique, Pour les fileuses de coton pendant les longues nuits de la saison froide, mon récit est un passe-temps délectable, pour les mentons velus et les talons rugueux, c'est une véritable révélation. Je suis à la fois futile, utile, et instructeur* » (Hampâté Bâ, 1990, p. 7).

l'hospitalité (l'eau de bienvenue servie dans la calebasse) et de l'amour (une fille qui offre elle-même de l'eau à un homme accepte par ce geste ses avances). C'est l'homme qui sème la plante de la calebasse dans la terre (fécondation masculine), mais lorsque la calebasse se met à détruire le foyer (à manger les enfants un à un), l'homme ne peut que « partir en courant » et c'est la femme qui (par un courage tout masculin selon les conceptions habituelles) saute, tape et divise la calebasse d'où renaît le monde. Le conte peut donc être interprété par les symboles comme une ode à la femme et une revalorisation de son statut : après des chassés-croisés masculin-féminin, le monde (la terre et le ciel) naît du courage de la femme. Les sens psychologiques et sociologiques du conte peuvent aussi varier selon la situation d'interlocution. À la différence de Lévi-Strauss (1964) ou de Propp (1992) qui se sont surtout intéressés aux structures que révèle la variabilité des contes, il nous semble nécessaire d'insister surtout sur le sens social de cette variabilité. Pour les textes écrits, l'usage que les auteurs souhaitent faire des textes est visible en examinant la « boucle réflexive », c'est-à-dire le langage et le métalangage scientifique et pédagogique qui accompagnent les textes comme ceux des manuels scolaires par exemple (Ramognino, Vitale, 2004, p. 2). Pour les textes oraux comme les contes, la situation d'énonciation du conte donne des informations importantes sur son usage social. Par exemple, en ce qui concerne le conte de la calebasse, la jeune agricultrice qui nous l'a raconté n'avait pas osé prendre la parole durant les entretiens précédents et ce n'est que lorsque que les autres sont partis, en particulier les hommes, qu'elle s'est approchée pour nous dire qu'elle connaissait des contes. Elle s'est alors vivement animée pour raconter la calebasse. Quant je lui ai demandé ce qu'il signifiait pour elle, elle a répondu : « *nous, les femmes on est fortes aussi* ». Dans ce cas, plutôt que d'autres sens du conte, c'est sa signification sociale de genre qui est mise en avant. Considérer la situation d'interlocution permet – entre autres – de considérer que le conte n'est pas exprimé par des « idiots culturels » (expression de Garfinkel cité par Coulon, 1987,

p. 48) qui ne maîtriseraient jamais de manière consciente les effets sociaux des paroles qu'ils prononcent.

Le dernier niveau est ésotérique. Le texte oral donne des indices qui renvoient à des savoirs non explicités[7] que l'auditeur doit mobiliser et traiter. Dans le conte présenté ci-dessus par exemple, aucun interlocuteur gourmantché ne doute du fait que cette calebasse dévorante, c'est le génie « *Buru* ». Les « preuves » de son identité de génie sont claires : son langage est transformé (on ne comprend que le mot enfant – *bila* – dans son discours), il dit « nous » au lieu de « je » (faisant ainsi référence à la communauté des génies) et surtout, il mange. Cette décomposition n'est pas nécessaire à l'auditeur gourmantché qui sait immédiatement de quoi il s'agit. D'après la coutume gourmantchée, *Buru* (ou *bulugu*) est un génie rond qui vit dans les montagnes : « *Il est très méchant, il ne fait que le mal mais peut le faire pour toi si tu lui offres des sacrifices* ». Certains disent qu'il faut lui offrir chaque année un bouc rouge et un coq rouge et que si on l'oublie, il frappe à mort. Il peut prendre toutes les formes : chien, serpent, mouton, personne... Le *budaano* est pour les Gourmantchés le « chef du *Buru* » : c'est le féticheur qui sacrifie et peut négocier avec le *Buru*. Près de Bogandé, un village est connu sous le nom de « village de *Buru* » : un féticheur y est installé. Dans sa cour, un grand arbre, le *budaano*, est recouvert d'environ 800 sabots de chèvres. Au pied de l'arbre, un monticule de cinquante centimètres, constitué du sang, des plumes et des poils des animaux sacrifiés, constitue une forme de représentation fétichiste du *Buru*. Chaque année à la fin de la saison des pluies, une fête est donnée en l'honneur de *Buru* et trois autres « boules » de même composition sont transportées par des hommes à travers le marché. La simple évocation du *buru* dans le conte renvoie l'auditeur à des pratiques sociales intégrantes (fête du *buru*), à une forme d'explication mythique de l'origine de l'univers (la calebasse-*buru* se scinde en deux pour former le ciel et la terre), et aussi à un principe

7. Pour ne pas entrer dans des débats liés à la question du « grand partage », je ne distinguerai pas ici les savoirs, les idéologies et les coutumes.

explicatif des faits observés. Les problèmes que vit la famille mise en scène par le conte sont d'origine magique (calebasse-*buru*). C'est le cas de beaucoup de contes : dans plus de 35 % des contes de notre corpus, le magique est un acteur direct. Cette présence du magique n'est pas une incitation de l'auditeur à s'incliner face à des forces qui le dépassent[8], mais à rechercher le sens caché du conte. C'est une invitation à la pensée mythique (Leenhardt, 1947, p. 298). Quel que soit le thème, ce niveau (ésotérique) du conte incite à dépasser la réflexion ordinaire qui est souvent considérée comme agitée et stérile (Lewandowski, 2007c).

La connaissance n'étant pas sécularisée car la société ne l'est pas (Febvre, 1942), la démarche logique prônée est à la fois réflexive et intuitive. Le conte n'est pas considéré comme une simple représentation du réel (sans quoi les savoirs présentés seraient faux). Il est considéré comme une fiction, il amène l'auditeur dans une interrogation qui, elle, est porteuse de savoirs. La parabole invite à « [...] exercer une comparaison, mais dont l'objet comparé est caché et reste énigmatique [...] le rapport objectif au savoir consiste justement à construire des énigmes, à poser des problèmes au réel » (Ramognino, Vitale, 2004, p. 32-33). Dans ce sens, l'auditeur est co-constructeur du conte : il s'agit en quelques sortes d'une pédagogie « créative ». Les paraboles mènent au savoir par un cheminement qui demande aux auditeurs ou aux lecteurs une certaine créativité heuristique pour déceler dans l'énigme des vérités qui ne sont pas données explicitement. Le conte communautaire est ainsi un savoir en lui-même (littéraire, linguistique) et une source de savoirs (sociaux, philosophiques, etc.).

8. Ici, par exemple, dans la narration, l'action de la mère est à l'exact opposé d'une résignation terrorisée par rapport à des forces magiques qui seraient acceptées comme toutes-puissantes. Une autre partie de l'enquête non relatée ici s'est attachée à la représentation de la pauvreté dans les contes et a montré aussi que les humains sont incités à agir dans leur destinée.

Instrumentalisation et déconnexion des catégories cognitives coutumières : le conte scolaire

Mais lorsqu'ils sont utilisés à l'école, les contes sont transformés à la fois dans leurs formes et dans leurs objectifs (Lewandowski, 2008a). Dans la forme, d'ordinaire, les contes communautaires sont longs ; leurs schémas narratifs ne sont pas toujours linéaires ; ils sont rythmés de répétitions, de dialogues et de chants (le conte proposé plus haut fait exception à ce sujet). La plupart de ces éléments sont éliminés dans le passage à l'écrit scolaire : les textes présentés ici, traduits en français, sont courts et construits sur un schéma narratif très simple. Surtout, le conte n'est pas utilisé comme source de différents savoirs, mais comme support pédagogique pour l'apprentissage de la morale ou du français : « *En CM, on l'utilise pour l'expression orale [...] Ça peut être aussi des contes connus par le maître ou les élèves. Des contes qu'ils ont appris au village. On redresse [corrige] le français* » explique un enseignant. Par exemple, l'instituteur écrit au tableau un conte traduit en français, demande une lecture silencieuse, pose des questions, fait apprendre les mots inconnus, puis demande aux enfants de répéter tout le texte phrase par phrase. Le conte oral gourmantché est transformé en texte écrit, puis récité dans un français correct. Le passage à l'écrit fige le texte et le simplifie afin qu'il soit accessible aux enfants à l'écrit et dans une langue étrangère. De la sorte, seule la trame narrative est conservée : avec la situation sociale et l'aspect musical, la polysémie du conte, son incitation à la résolution d'énigmes, les débats et les commentaires qu'il suscite sont exclus au profit d'une parole dictée par le livre et le maître, que l'on doit disséquer pour mieux la restituer. Toutes les références au système social et cognitif coutumier sont écartées : la trame narrative du conte écrit ne conserve qu'un décor exotique censé évoquer à l'enfant son milieu d'origine. C'est ce squelette désincarné que le maître utilise pour amener l'enfant à mieux saisir son cours de français ou de morale et à pénétrer les schémas logiques et sociaux de l'univers scolaire. De la sorte, des savoirs pratiques locaux (comme description du milieu de l'enfant) sont extraits des catégories cognitives locales (schémas logiques, concepts) pour servir des savoirs pratiques scolaires (en l'occurrence la langue française) et le système de pensée scolaire (ses schémas logiques, ses références morales).

Ainsi, contrairement à ce que prônent les programmes officiels, les savoirs locaux sont la plupart du temps ignorés ou dénigrés dans les écoles publiques classiques. Lorsqu'ils sont utilisés, une distinction implicite est opérée entre les savoirs locaux pratiques et les catégories cognitives locales. Les premiers sont utilisés tandis que les secondes sont ignorées au profit des savoirs scolaires (savoirs pratiques et catégories cognitives). À ce niveau de l'analyse, l'observation des écoles publiques classiques pourrait sembler confirmer la réflexion de Mercier-Trembley qui écrit : « Sous l'influence [de l'école], les connaissances des générations antérieures se perdent, le savoir traditionnel devient une langue morte, discours clos puisqu'il n'est plus exprimé à l'intérieur des catégories cognitives qui lui conféraient son originalité et son dynamisme ; il échappe à la communauté qui n'est plus apte à le contrôler » (Mercier-Trembley, 1982, p. 667).

Écoles bilingues : reconnaissance, instrumentalisation et création d'une nouvelle culture

La différence entre les écoles publiques en français et les écoles bilingues a déjà été soulignée : les écoles bilingues, avec leurs enseignants gourmantchés, sont mieux intégrées au village où elles sont parfois perçues comme des projets de développement dont on peut tirer profit. Leurs manuels sont coordonnés et édités par des ONG qui sont souvent assez présentes au quotidien dans les zones rurales, forment et suivent les enseignants. Dans les écoles bilingues, nous allons voir d'abord que les pédagogies utilisées sont effectivement plus actives que celles des écoles publiques ; mais aussi que la reconnaissance des savoirs locaux et l'usage du bilinguisme y sont ambigus. Nous verrons ensuite que le procédé d'instrumentalisation des savoirs locaux n'est pas utilisé dans le même sens dans les écoles bilingues que dans les écoles publiques en français.

Pédagogie active et reconnaissance des savoirs locaux

Dans les écoles bilingues (qui comportent en moyenne 40 enfants par classe), on retrouve rarement le type d'enseignant, majoritaire dans les écoles publiques, dont le principal objectif est de maintenir son autorité. Certes, des enseignants ont parfois eux-mêmes des connaissances scolaires peu élevées et certains sont plus autoritaires que d'autres ; mais la majorité des enseignants du bilingue se montre à l'aise avec le contenu à enseigner et la pédagogie. La plupart maîtrisent bien la méthode Tin Tua fondée sur l'oralité et la participation des élèves. Par exemple, un enseignant de CBN1 d'une classe de CE_1 de trente-trois enfants arrive à gérer deux classes, en l'absence d'un de ses collègues, en faisant faire des exercices et en passant d'une classe à l'autre. Il maîtrise très bien les méthodes et utilise même une communication originale pour la province : il sourit parfois aux enfants même quand ils se sont trompés. Il amène le dialogue par des questions sur les activités des élèves et explique les mots français en se fondant sur le contexte (« *Une reine* » : « *Qui est chef ici [au village]* ? Comment appelle-t-on sa femme ? », etc.). Exactement à l'opposé des « fausses questions » pratiquées par certains enseignants du classique, il teste les enfants pour savoir s'ils répondent automatiquement ou non : « *C'est vraiment ça ?* » demande-t-il pour une réponse juste.

Souvent, les livrets sont plus adaptés aux réalités vécues par la majorité des enfants que les manuels des écoles classiques. La première leçon commence par « *Samba va au champ avec sa daba* » : cela facilite davantage que « *La moto de papa* » des écoles classiques la découverte par l'enfant du titre de la leçon, étant donné qu'il n'existe presque aucune moto dans la province. Par ailleurs, les livrets en gourmantché recherchent globalement une reconnaissance des savoirs locaux. Ils présentent souvent les savoirs locaux comme à « sauvegarder » (ATT, 2003a, p. 62 et 6), mais aussi parfois (bien que rarement) à revendiquer. Par exemple, un des livrets présente un recueil de poèmes dont le dernier poème s'intitule Nisaaliboanga, que l'on pourrait traduire par « Négritude ». En voici quelques vers traduits : « *[...] le jour où le Blanc m'a pris pour l'école./ Ils ne m'ont pas pris, ils m'ont ravi./ Ils m'ont ravi de mon ethnie, / ils m'ont jeté au dehors. [...]/ Là-bas, ils m'ont appris que mon ethnie / n'est rien, ne connaît rien, n'a rien, / n'a pas d'avenir./ Là-bas, ils m'ont fait accepter que ma langue/ et les cris d'un animal sont la même chose./ Là-bas, ils m'ont fait mépriser mon corps [ma couleur],/ et considérer celui d'autres./ Là-bas, ils ont fait que mon cœur a vomi/ le nom que ma mère et mon père m'avaient donné./ Après, ils m'ont converti,/j'ai cru en ce qui n'a pas d'espoir./ Aujourd'hui, j'ai compris qu'ils m'ont fait commettre beaucoup d'offenses./ Ils m'ont fait insulter mon père et ma mère,/ mon ethnie et tous les miens./ Ils m'ont fait renier mon sang et ma langue./ Ils m'ont fait refuser les fétiches de mon ethnie/ et ses arbres et tous ses médicaments./ Que voulais-je dans tout ce refus ?/ J'ai tout refusé parce que je voulais une nouvelle vie [...]/ Quelle que soit la durée du bois dans l'eau,/ il ne deviendra jamais un caïman./ C'est l'ignorance qui vous fait voir qu'une ethnie veut devenir une autre ethnie./ Si ce n'est par ignorance, qui va laisser pour soi/ et porter pour quelqu'un d'autre/ jusqu'à atteindre sa sécheresse ?* » (« Négritude », Poésie, P. T. Conbiani, livret post-alphabétisation, ATT, 1997, p. 69-70, traduction libre).

Mais certains procédés utilisés dans les classes bilingues interrogent la capacité de ces écoles à promouvoir véritablement des structures sociocognitives non scolaires.

Hiérarchisation, instrumentalisation et création d'une nouvelle culture « développementiste »

Même dans les écoles bilingues, le français reste la langue porteuse de la norme de l'univers d'instruction pour les enseignants comme pour les élèves. Les enseignants utilisent la langue gourmantchée pour le cours, les explications et les conseils. Mais les ordres sont en français : « *Silence !* », « *Ça va chauffer !* », « *C'est bon, rangez les ardoises, on ne parle pas* », « *On croise les bras, suivez au tableau* », « *À ta place* ». Un instituteur explique : « *En langue [locale], ils [les enfants] sont beaucoup plus à l'aise... trop même ! Comme le maître leur parle en gourmantché, ils ne voient plus les limites* ». Le français, parfois associé au gourmantché, est également utilisé pour gratifier : « *Voilà, c'est bien* » « *C'est bien, kali* [assis] ». Son utilisation principale étant réservée aux phrases d'ordres et de gratifications, l'usage du français a, dès le début, une fonction de normalisation scolaire. Les enfants associent alors cette langue aux règles du nouveau monde dans lequel ils entrent. Parler français, c'est aussi « se comporter français ». Ainsi, les enfants n'ont pas la même voix en français et en gourmantché : lorsqu'ils lisent un texte précédemment lu par l'enseignant, ils reprennent non seulement le même accent mais aussi le même ton professoral. Alors que l'enseignant ne l'a pas interdit, un élève de troisième année d'école bilingue « dénonce » un de ses camarades qui parle sa langue : « *Joseph parle le gourmantché* ». Autre exemple, dans une école bilingue pour adultes (CBN2), dont l'ambiance est à la fois active et détendue, l'enseignant demande ce qu'ils peuvent faire ensemble pour parler davantage français. Les élèves répondent qu'ils veulent utiliser « le symbole », objet suspendu au cou des élèves parlant leur langue maternelle à l'école. Cette pratique, évocatrice de l'aliénation coloniale, n'est plus utilisée dans l'école classique aujourd'hui. Stigmatisant, le symbole qui est « utilisé pour obliger les élèves à ne parler qu'en français, représente le pouvoir disciplinaire au sein de l'établissement scolaire » (Foucault, 1975). Il marginalise son détenteur en exprimant la disgrâce que provoque le délit de parler sa langue maternelle. En décidant de la réactiver, les apprenants des CBN2 marquent leur désir d'être intégrés aux normes scolaires considérées comme les plus strictes et de suivre les rites scolaires supposés de l'école classique dont ils ont été, plus jeunes, exclus. Encore plus que l'enseignant ne le demande, ils valorisent la langue française et ce qui y est associé, au détriment du gourmantché et se placent ainsi eux-mêmes dans un processus de bilinguisme soustractif qu'ils ont intériorisé.

Par ailleurs, les écoles bilingues utilisent fréquemment des procédés d'instrumentalisation des savoirs. Tout comme dans les écoles publiques en français, les savoirs locaux sont sélectionnés et évoqués en dehors de leurs contextes cognitifs et sociaux. Dans les textes, on retrouve ainsi une juxtaposition de références d'origines différentes : du vocabulaire technique (comme des techniques agricoles ou des termes mathématiques), des concepts du milieu « développementiste »[9] (comme le vocabulaire organisationnel « participation », « groupements ») et des références locales (comme les proverbes). Mais le discours dominant et les conclusions des textes rejoignent généralement le milieu des développeurs. Le texte ci-dessous (issu d'un livret CBN1, 2e année) qui narre la construction d'une école, exprime bien ce procédé (traduction semi-littérale).

9. L'adjectif « développementiste » est utilisé ici pour qualifier le milieu du développement. Ce dernier correspond à des institutions et à des acteurs extérieurs à une société donnée qui proposent des interventions de transformations techniques et sociales, au sens large du terme, de cette société.

Figure 2
« L'union fait la force »,
texte de lecture (ATT, 2003a, p. 26)

Texte de livret : « L'union fait la force »[10]

« Le village dont les personnes se rassemblent n'échoue pas dans son travail. À Tangbaaga, les gens voulaient construire une école dans leur village. Le projet [*tuonsoanjaal*] qui devait les aider a posé les conditions suivantes : avoir les gravillons, le sable et les gros cailloux ; et puis apporter K 250 000 [1 250 000 FCFA][11]. Ils ont cherché comment ils allaient faire pour réaliser ce travail. Pour cela, ils ont fait une grande réunion pour répartir les gens : les hommes vont ramasser les gravillons et les gros cailloux ; les femmes aussi vont porter le sable. Ils ont déterminé que chaque foyer du village de Tangbaaga allait payer cinq cent (K 500) [2 500 FCFA]. Les enfants du village qui sont des [qui ont des parents] fonctionnaires vont, eux, payer mille (K 1 000) [5 000 FCFA]. Même si les journées de travail au champ étaient longues, les gens du village ont réuni tout ce qui leur avait été demandé en trente jours. Quand les aideurs [les développeurs] sont revenus, ils furent très contents d'eux. Lorsque le travail a commencé, les femmes apportèrent l'eau et les hommes aidèrent aussi les maçons. Ils finirent de construire l'école en une année. Les aideurs ont creusé en plus pour eux un puits avec une pompe. C'est une vérité que si les gouttes s'unissent, l'eau peut emporter le bois »

La sentence et le proverbe qui encadrent le texte au début et à la fin, ainsi que la présentation sous forme de petite histoire font ressembler le texte à un conte. Mais il s'agit en réalité d'un véritable mode d'emploi pour travailler avec une ONG. Le schéma linéaire est progressif : le texte représente une série d'indications à suivre. Les proverbes sont transformés ici

10. *Taáñoabu kan gbali tuonli* : rassemblées-bouches/nepas/échouer/travail. *Ñoabu* signifie bouche, commandement, bord. On voit au passage ici l'importance de la symbolique de la bouche et de la parole donnée.
11. K signifie *kùuugà*, l'unité monétaire en base de 5.

comme le sont les contes communautaires dans leurs usages par les écoles publiques en français : ils sont compris comme des outils déconnectés de leurs catégories socio-cognitives originelles pour servir un autre univers cognitif. Une particularité du procédé tel qu'il est observé ici dans les livrets bilingues est que l'univers socio-cognitif favorisé est celui des développeurs. C'est une nouvelle culture que l'on cherche à forger ici. Présentée comme allant de soi et commune, elle est en réalité construite par une minorité de personnes (membres d'ONG, linguistes, partenaires techniques et financiers) et répond à des cultures institutionnelles changeantes. Dans le texte ci-dessus, par exemple, le mode de construction d'école proposé répond au modèle des « micro-projets participatifs » qui succède à celui des grands projets de développements post indépendances.

Les nouvelles normes à acquérir sont parfois dictées aux élèves. Par exemple, la fiche « *Utilisons rationnellement nos ressources* » se positionne contre les pratiques traditionnelles des funérailles, jugées trop dépensières (Guide de causerie en alphabétisation, Coopération suisse, non éd., p. 28-29). D'autres livrets demandent aux élèves de pratiquer eux-mêmes la sélection des savoirs et des valeurs comme cette fiche intitulée « *Sauvegardons nos coutumes positives* ». Il est proposé aux enfants de retenir de la leçon la phrase suivante : « *Valorisons nos coutumes positives afin de conserver notre identité culturelle et nous développer* » (Guide causerie, Coopération suisse, non éd., p. 33-34). Pour cela, il s'agit notamment d'*amener les apprenants à prendre conscience du fait que certaines coutumes méritent plus d'être valorisées et répertoriées que d'autres* ». Mais les critères de sélection des savoirs locaux suggérés ne sont toujours pas suffisamment explicites : « *Quelles coutumes devons-nous valoriser ? Nous devons valoriser les coutumes qui développent les valeurs de paix, de tolérance, de respect de la valeur morale et de la justice sociale, de travail et de respect d'autrui* ». L'absence de critères clairs de sélection des savoirs locaux, conjuguée aux circuits de production des livrets, questionne la manière dont sont construites les nouvelles normes à enseigner. Nous avons vu plus haut le manque de coordination au niveau de l'État et la forte présence de membres d'ONG dans la définition des programmes et des livrets scolaires bilingues. La culture personnelle et institutionnelle des membres d'ONG, auteurs de programmes et de manuels ou superviseurs des enseignants, prend ainsi une certaine importance. Cette dernière est renforcée par le fait qu'il n'existe pas – ou très peu – de tradition écrite dans les langues nationales comme le gourmantché : la plupart des textes écrits ont été réalisés par des religieux, puis par des développeurs. Les dictionnaires, la formalisation écrite de certaines langues nationales et l'expertise nationale sont aujourd'hui réalisés par les directeurs des deux plus importantes ONG d'éducation bilingue du pays évoquées précédemment (l'OSEO et Tin Tua). En concurrence entre elles, ces ONG doivent répondre à des appels d'offre et produire des rapports pour accéder à des financements internationaux. Elles peuvent être ainsi amenées à s'adapter progressivement aux normes internationales tout en les déclinant selon leur culture institutionnelle. Ce système favorise la mise en place, dans les livrets pédagogiques bilingues, d'une nouvelle culture qui cherche à associer les savoirs locaux et les savoirs scolaires sous l'égide de normes développementistes.

Ce procédé d'instrumentalisation des savoirs locaux est plus fréquent dans les écoles bilingues associatives que dans les écoles publiques où domine leur ignorance ou leur rejet. Dans les deux dispositifs, le procédé d'instrumentalisation suppose la même déconnexion : des savoirs pratiques (et parfois des valeurs morales locales) sont extraits de leurs catégories logiques locales pour être associés à d'autres catégories cognitives.

Renforcement tacite des savoirs locaux : centres d'alphabétisation et écoles

Les centres d'alphabétisation sont fort différents des autres dispositifs : nous avons vu que les animateurs étaient issus des mêmes villages et parfois des mêmes parentés élargies que leurs élèves. Les livrets utilisés, parfois identiques à ceux des écoles bilingues (généralement en gourmantché, parfois en peulh), sont produits par des ONG implantées localement. Nous verrons, tout d'abord, que les savoirs locaux peuvent être tacitement renforcés dans les pratiques pédagogiques des centres d'alphabétisation. Ensuite, nous montrerons que c'est l'ensemble des dispositifs qui pourraient paradoxalement tendre à laisser subsister les catégories cognitives coutumières.

Les centres d'alphabétisation : pédagogie différente et forte présence des savoirs locaux

Les centres d'alphabétisation présentent de petits effectifs (entre 15 et 30 élèves). Les apprenants ne sont jamais frappés car il y a beaucoup de jeunes et d'adultes. La question des langues se pose avec moins d'acuité : puisque tout se passe en gourmantché, seul reste le problème des dialectes (gourmantché « du nord » et « du sud »). Certains enseignants, ayant été à l'école, proposent une pédagogie structurée et active qui ressemble à celle qui est majoritaire dans les écoles bilingues, surtout lorsqu'ils ont des classes jeunes et avec peu d'élèves. D'autres enseignants, qui ont été scolarisés également, ont une démarche proche de celle qui est fréquemment rencontrée dans les écoles classiques et qui associe autorité et mépris. Par exemple, une animatrice d'alphabétisation évite de serrer la main aux apprenants, au début du cours et à la fin, car elle considère qu'ils sont sales. Autre exemple : un enseignant fait faire à des jeunes une séance de calculs sur ardoise très rythmée, comme celles que nous avons précédemment décrites pour les écoles classiques. Il réexplique en hurlant : « *Ce n'est pas bon, vous n'êtes même pas de bons opérateurs économiques !* » et plus tard encore : « *Ça fait quoi ? Une maison, si vous ne savez pas faire ça, vous ne pouvez pas devenir entrepreneur, encore moins opérateur économique !* ». Cet enseignant, « fourré » à la mode citadine, se plaît ainsi à employer le vocabulaire développementiste pour se montrer moderne et surtout insulter ses élèves.

Mais une grande partie des animateurs d'alphabétisation n'ont pas été à l'école, étant issus eux-mêmes des centres d'alphabétisation, et pratiquent une pédagogie bien différente des autres dispositifs. L'ordre scolaire est peu appliqué et les interactions sont aussi fréquentes entre les élèves qu'entre les élèves et l'enseignant. Le centre d'alphabétisation est souvent ouvert au village : les petits enfants viennent regarder ; parfois, les passants s'arrêtent pour voir. Les apprenants arrivent au fur et à mesure ; certains repartent avant la fin du cours. Ils entrent et sortent sans demander la permission. Certains baillent bruyamment, répondent en même temps, crachent par terre de temps à autre, s'allongent sur les bancs. Des femmes attachent leurs cahiers dans des sachets plastiques avec un pagne dans leur dos, à la manière dont elles portent les enfants. Celles qui ont des enfants à allaiter de la naissance à 3 ans sont en permanence sollicitées. À la pause, elles mangent en partageant ce qu'elles ont apporté. Souvent, les apprenants sont collés les uns aux autres ; ils ne possèdent pas tous des fournitures et se connaissent bien : ils échangent en permanence et la concentration se relâche souvent.

Les savoirs locaux et les valeurs communautaires ont non seulement une présence explicite, car les manuels les évoquent souvent, mais aussi une forte présence implicite. C'est sur ce dernier aspect que nous insisterons ici, en prenant l'exemple du genre. Dans les normes gourmantché, la femme est inférieure à l'homme. Tout d'abord, et c'est essentiel, la notion même d'égalité entre être humains n'existe tout simplement pas. Les personnes ne sont pas « pareilles », mais de plus, elles n'ont pas les même droits : la structuration sociale par sexe, par âge, par famille, etc., de la société gourmantchée l'interdit. Comme l'explique l'un de mes interlocuteurs masculin : « *Deux grandes calebasses ne peuvent être ensemble* ». C'est-à-dire que si l'homme ne domine pas, c'est la femme qui va dominer : il y a forcément une hiérarchie[12]. La notion de hiérarchie étant tout à fait partagée entre les hommes et les femmes, ces dernières conçoivent généralement l'émancipation comme un moyen de dominer l'homme. Il s'agit simplement de savoir qui gagnera : les hommes en évoquant la coutume, ou les femmes en utilisant les développeurs ? Les livrets tentent de transformer dans les mentalités le rôle de la femme vers une égalité de droits. Mais dans les classes d'alphabétisation, le discours « égalitariste » est souvent transformé dans les pratiques. C'est le cas par exemple de cette « causerie » entre une enseignante et ses apprenants (leurs réponses en italique) : « – Rappelez-moi de quoi on a parlé hier. – *[Silence]* – Vous n'avez pas appris à la maison ? – *On a parlé du père et de la mère.* – [l'enseignante regarde son cahier] Aujourd'hui, est-ce que l'homme et la femme sont différents ? – *Non.* – Qui voit autre chose ? – *La différence se trouve au niveau des noms.* – En réalité, la différence se trouve au niveau du travail. Quels travaux les différencient ? – *L'homme fait le défrichage, la culture sur brûlis, cherche de la paille pour les toits. – Le travail de la femme, c'est les fagots [de bois] en brousse, la cuisine, les arbustes des champs, la préparation du défrichage pour son champ...* – [L'enseignante regarde son cahier] Dans les réunions, qui doit parler ? – *Les femmes ont aussi le droit de parler.* – Est-ce que, avant, on faisait entrer les filles à l'école ? Pourquoi ? – *Avant, on ne savait pas que la femme peut faire le même travail que l'homme – Aujourd'hui on les fait entrer* – Dans la famille, qui travaille le plus dans la maison ? – *C'est la femme : l'homme n'est pas stable, il sort tout le temps.* – La famille appartient à l'homme, le chef de famille. La force de l'homme est supérieure à celle de la femme. Qu'est-ce que l'homme fait pour la femme afin que la vie soit bonne ? – *L'homme hache du bois.* – [L'enseignante reprend] On peut dire que l'homme aide la femme. "Le mari de Tana l'aide dans ses travaux[13]". [Elle regarde encore son cahier]. Quel jour sommes-nous aujourd'hui ? – *Jeudi.* –

12. Louis Dumont a bien montré ce type de conception dans son ouvrage *Homo hierarchicus* (1966).
13. *Tana calo todio tuona nni.*

[L'enseignante écrit au tableau la phrase de la leçon (le mari de Tana...) et la date] » (observation en 1re année d'alphabétisation, Piéla, 2006, traduction libre). L'enseignante qui ne maîtrise ni le sujet tel que porté par le livret, ni les modalités de l'échange cherche seulement à aller rapidement à la phrase qui démarre la leçon du jour (« *Le mari de Tana l'aide dans ses travaux* »). Les apprenantes seraient prêtes à discuter davantage mais, étant donnée l'attitude de l'enseignante, entrent dans le simple jeu de questions et réponses rapide qui leur est proposé, en cherchant surtout à découvrir les réponses que l'on attend d'elles. L'enseignante, ne maîtrisant pas le thème de la réforme du statut de la femme ou n'y adhérant pas, finit par réaffirmer que l'homme est le chef de famille et que sa « force » est plus importante (« *La famille appartient à l'homme, le chef de famille. La force de l'homme est supérieure à celle de la femme* »), au lieu de parler davantage d'égalité, comme le préconise le livret. Ainsi, certaines normes sont valorisées, mais cette valorisation se réalise la plupart du temps sans distance réflexive par un enseignant qui est lui-même formé par le milieu. L'usage des normes et des savoirs locaux s'apparente alors davantage à une situation d'identification tacite de l'enseignant à ces derniers. Il est important de noter que cette identification est généralement présente de manière tacite. Il s'agit de la même situation de renforcement tacite que lorsqu'un alphabétiseur dispense avec énergie un cours critiquant l'excision, alors que tout le monde sait que ses filles sont excisées. Ses paroles ne convaincront personne : au contraire, le décalage entre ses paroles et son comportement contribuera à renforcer les pratiques locales officiellement dénigrées.

Cette forte présence implicite des normes et des savoirs locaux se remarque dans tous les centres d'alphabétisation. Plutôt que de faire passer les élèves d'une culture coutumière à une culture scolaire, les centres semblent ainsi davantage introduire des éléments de culture scolaire dans les schémas de pensée coutumiers des apprenants. Ils se positionneraient, de ce point de vue, à l'exact opposé des écoles publiques classiques et des écoles bilingues d'ONG. Ce sont des savoirs scolaires pratiques (comme l'écriture) qui y sont parfois utilisés au service de catégories cognitives locales. Il n'est donc pas certain que les savoirs locaux soient destinés à devenir « lettre morte », pour reprendre l'expression de Mercier-Trembley, au contact de tous les dispositifs scolaires.

Écoles et centres d'alphabétisation : des catégories cognitives coutumières conservées ?

La permanence implicite des catégories cognitives coutumières se retrouve dans tous les dispositifs examinés. Pour saisir ce procédé, prenons l'exemple d'une leçon intitulée « *Ce n'est pas la sorcellerie, c'est le manque d'hygiène (Suano ka, ku ŋangu n poadi)* » (ATT, 2003b, p. 20, traduction libre). Au cours de la leçon, le maître cherche à expliquer l'intérêt du savon. Il parle d'une pratique coutumière habituelle (ne pas utiliser de savon), la condamne, puis parle de la « bonne pratique » (utiliser du savon) et explique le principe cognitif qui qualifie cette pratique comme bonne (en l'occurrence, la notion de microbe). À aucun moment, il n'évoque le principe logique coutumier qui préside à la pratique habituelle : celui selon lequel les maladies sont provoquées par un élément magique (il est donc inutile de se laver les mains pour les éviter).

Les Gourmantchés considèrent, en effet, que la personne est constituée de six composantes qui la relient intimement aux autres et à l'invisible (Swanson, 1976). Parmi ces six composantes, l'esprit-guide (*kikirga*) influence particulièrement la vie quotidienne de la personne. Cet esprit-guide d'Ego, et ceux de ses géniteurs doivent, en effet, choisir parmi les maux et les biens (santé, procréation, mais aussi réussite scolaire, argent etc.) qu'Ego devra vivre ainsi que sa descendance. Ils forment ainsi un vœu prénatal appelé *yemiali* « demande faite à Dieu » (Cartry, 1973). Ego est ainsi soumis à son *yemiali* (la demande que son esprit-guide a faite) mais aussi aux *yemiali* de ses géniteurs, à ceux des parents de ces derniers et même indirectement au *yemiali* de son conjoint et des parents de celui-ci. Ego cherche donc à influencer le cours de son existence par des sacrifices destinés à contenter les esprits de ses parents (morts ou vivants) sur des autels. Si une personne tombe malade, elle peut donc consulter un géomancien : la divination par le sable désignera à quel niveau de la parentèle ou des relations se situe le problème et proposera des actions de sacrifices. Ces actions sont évoquées dans un vocabulaire ésotérique, mais elles identifient des causes psychosociologiques possibles de la maladie. Dans une société où la personne vit intégrée au village au sein d'une famille élargie et où les interdépendances matérielles sont fortes, les relations interpersonnelles sont primordiales dans l'équilibre mental et physique de l'individu. Repérer un problème avec des proches permet, en dehors du sacrifice réalisé à leur intention, de modifier son comportement à leur égard (ou à l'égard du clan concerné si les personnes sont décédées).

Le titre de la leçon parle de sorcellerie, mais l'instituteur n'en parle pas ; ou lorsqu'il utilise le mot, il le rejette et ne laisse aucun espace de dialogue possible. Il ne reconnaît pas l'existence de cette conception des causes de la maladie et ne décrypte pas les sens possibles de cette conception. Observée dans une école bilingue, cette leçon se serait vraisemblablement déroulée de manière identique dans un autre dispositif, du point de vue cognitif qui nous intéresse ici. À aucun moment les catégories cognitives locales ne sont mises en débat explicitement dans une enceinte scolaire. Les écoles publiques et les écoles bilingues évoquent essentiellement des savoirs locaux pratiques ; tandis que les centres d'alphabétisation évoquent des savoirs pratiques et cognitifs locaux, mais sans explicitation critique. Or si l'enseignant n'évoque pas les causes magiques des maladies pour les discuter, les apprenants peuvent conserver leur logique initiale.

De nombreux autres cas montrent que, dans les écoles, les schémas logiques coutumiers ne sont jamais explicités. Les enseignants utilisent souvent l'exemple de l'œuf à propos des savoirs locaux. Un enseignant de centre bilingue *Banma Nuara* explique : « *On parle un peu de ce qui se dit en famille... on leur explique par exemple qu'un enfant peut manger des œufs* ». Un dicton populaire dit, en effet, que « *si l'enfant mange des œufs, il deviendra voleur* », assertion que les enseignants et les développeurs trouvent absurde, puisqu'ils la prennent comme représentative du réel et non comme parole imagée à décrypter. En réalité, les Gourmantchés thésaurisent en élevant des poulets, qu'ils ne mangent pas ou rarement : leur vente sert à acheter des médicaments en cas de maladie ou des dons pour renouveler une alliance avec un visiteur important, qui peut les aider en cas de soudure[14] difficile, etc. On interdit donc traditionnellement aux enfants de manger des œufs, pour qu'ils n'aient pas envie d'en dérober en l'absence des parents, qu'ils ne réduisent pas ainsi le petit élevage à néant et qu'ils ne prennent pas l'habitude de se servir sans autorisation (de voler) de nourriture. Le dicton procède ici encore comme le conte : c'est une parole symbolique qui une fois décryptée permet de découvrir une vérité, en l'occurrence, le système d'économie familiale. L'enseignant prône la consommation des œufs pour améliorer la nutrition de l'enfant. Mais en omettant d'interroger la parole populaire, il fait l'impasse sur les conséquences de cette recommandation sur l'équilibre économique familial (et donc peut-être même sur la nutrition à long terme).

Dans aucun dispositif d'instruction étudié, les catégories cognitives locales (concepts et schéma logiques) ne sont explicitées et discutées : elles ne sont donc vraiment ni valorisées, ni éradiquées. L'instituteur de l'école classique utilise la trame narrative du conte, mais pas sa portée sociale et ésotérique ; l'enseignant de l'école bilingue évoque des proverbes, mais n'aborde pas leur sens social ; l'alphabétiseur stigmatise l'excision, mais passe sous silence ses utilisations sociales et culturelles ; le maître dénigre le manque d'usage du savon mais ignore le rapport magique à la maladie, etc. Au-delà de savoirs concrets, les classes deviennent ainsi des lieux de cohabitation tacite entre des normes locales restées vivaces et des normes scolaires occidentales. Cette survivance peut aller jusqu'au

14. La soudure est l'époque où les greniers de l'année précédente sont vides et où les cultivateurs attendent la prochaine récolte. Elle peut devenir une période de famine.

renforcement des savoirs locaux comme nous le verrons dans le chapitre suivant. L'ignorance, le rejet, la valorisation, l'instrumentalisation, le maintien et le renforcement tacite deviennent des procédés d'hybridation des savoirs. Le terme d'hybridation est imparfait car tout comme celui de « métissage » (Amselle, 2001), il pourrait – de par son analogie biologique – faire référence à des instances originelles pures qui n'existent pas. Mais peu de termes sont entièrement satisfaisants, aussi, l'expression d'hybridation des savoirs sera retenue ici. Elle désigne un processus d'interpénétration dynamique de savoirs, mettant en jeu les éléments superficiels et profonds de différents systèmes culturels et cognitifs, et conditionné par son contexte social de réalisation.

L'instruction, lieu de confrontation de normes tacites : exemple de l'individualisation

La cohabitation de normes hétérogènes dans les espaces d'instruction s'effectue de manière tout à la fois tacite et dissymétrique. Prenons l'exemple du rapport entre collectivité et sujet. Dans les espaces d'instruction, ne sont explicitées ni la conception gourmantchée de la personne (intimement rattachée au groupe, au monde visible et invisible) ni celle plus occidentale de l'individu (libre, rationnel et calculateur)[15]. Mais nous allons voir que dans certains dispositifs scolaires, c'est la norme de l'individu qui prime tacitement, tandis que dans d'autres, c'est celle de la personne « reliée ». Dans les différents espaces

15. La définition de la personne, son rapport au groupe et l'individualisme sont des questions particulièrement complexes qui ont été abordées par une longue tradition anthropologique et sociologique (notamment, Leenhardt, 1998 [1947], Dumont 1991 [1983], Elias 1998 [1987], Marie, 1997). Il ne s'agit pas ici d'aborder ces questions de manière fondamentale et systématique, mais simplement de constater que les pratiques pédagogiques tendent vers une conception plus ou moins individualisée de la personne.

d'instruction, nous examinerons tout d'abord l'organisation de l'espace et le type de lien collectif mis en place, puis les pratiques plus ou moins individualisées d'écriture.

Disposition de l'espace et organisation du groupe : du collectif à l'individu

Dans les villages, lors des soirées contes, les personnes sont généralement assises en arc de cercle, parfois autour du feu ou d'une lampe à pétrole. Les personnes considérées comme importantes (hommes, vieux) sont parfois dans des chaises en bois, les autres par terre ou sur des rondins. Les femmes, assises au sol, filent parfois encore la laine. La parole est circulaire : conte qui le souhaite et des débats suivent les contes. C'est l'un des rares espaces communautaires où les enfants et les femmes peuvent avoir la parole en présence d'adultes et d'hommes : la hiérarchie n'exclut pas ici la parole collective. Le conte, narré par une seule personne, est souvent complété par d'autres et des commentaires sont échangés après le conte ou les proverbes. « Le proverbe devient la stratégie d'une tradition sans auteur à la première personne ou bien d'un auteur unique – les ancêtres – incontesté et incontestable » (Bonnet, 1988). Les auteurs des contes sont ignorés : on attribue aux contes l'auteur symbolique, « les ancêtres », qui leur confère une légitimité communautaire. Ce sont les ancêtres qui sont supposés conter au travers de la bouche des vivants. C'est la raison pour laquelle il est interdit dans les sociétés gourmantchées et mossies, de conter de jour. Mais cette interdiction peut être ôtée, par exemple, en pays mossi par cette phrase : « *Excuse-moi jour, laisse-moi conter. Les mânes des ancêtres content la nuit, moi le jour* » (*idem*, p. 132). Les Gourmantchés comme les Mossis admettent cependant, dans une certaine mesure, que des personnes soient auteurs de contes, les répètent et les transforment. C'est une pédagogie créative et collective qui obéit à la logique de la parabole. Dans d'autres espaces d'éducation communautaire où les rites de gratification et de sanction sont plus visibles, on remarque que le principe de la solidarité obligatoire est instauré. Par exemple, dans les camps de circoncision, c'est toujours tout le groupe qui est puni, même si les responsables ont repéré la personne fautive. D'une manière générale, toutes les activités au village, qu'elles soient à but strictement pédagogique ou non, se font habituellement de manière collective : préparer à manger, aller au champ, travailler dans un atelier, consulter un géomancien, faire un sacrifice, voyager, dormir, etc. Même les raisonnements abstraits n'échappent parfois pas à ce principe : parfois les calculs sont effectués à plusieurs personnes car « l'un retient les nombres intermédiaires et l'autre calcule » (Vellard, 1988, p. 188).

Dans les centres d'alphabétisation, la disposition du mobilier est souvent frontale, mais dans beaucoup de cas, les personnes y sont très mobiles et travaillent en groupe sans que le maître ne le demande. Par exemple, tandis que le maître donne une dictée, les élèves se retournent souvent pour constituer des groupes, où chacun peut écrire avec l'aide de l'autre. Le maître laisse faire, car il sait que pour le moment, c'est le meilleur moyen pour que tous les apprenants participent et restent motivés. Le centre d'alphabétisation retrouve ainsi l'organisation communautaire en groupes. Le réflexe est le travail collectif. Les femmes se copient et l'une d'elles déclare à l'enseignant : « *Ah, mais si elle a faux, moi aussi parce que j'ai regardé sur elle* », montrant ainsi qu'elle n'a pas intériorisé les normes scolaires de cet exercice (traduction libre). Dans certains centres, chacun se mêle des travaux des autres. Lorsque les inspecteurs arrivent, ils demandent généralement de rétablir « l'ordre ». En particulier, un inspecteur explique à des apprenants que les individus ne sont pas interchangeables : « *On ne peut pas remplacer quelqu'un d'autre. On ne peut pas dire "Untel est là aujourd'hui, il a pris la place de telle personne". Ça ne se fait pas [...]* » (traduction).

Dans les écoles bilingues, les classes sont généralement organisées de manière frontale également, mais les élèves sont encore relativement peu nombreux. L'enseignant peut passer dans les rangs, les élèves peuvent se lever et des groupes de travail peuvent être constitués : deux élèves se retournent alors pour travailler avec ceux de la table-banc située derrière eux. Parfois même, la classe est organisée différemment. Le faible effectif peut permettre au maître de placer les enfants en vis-à-vis, ce qui lui laisse la possibilité d'utiliser les tableaux situés aux deux extrémités de la classe, d'exercer une pédagogie plus active avec ses élèves et de les faire travailler par groupes. En raison des méthodes pédagogiques (dialogues, exercices sensoriels, etc.) qui le prévoient et du nombre d'élèves, les activités collectives sont assez développées. Certes, certains cours sont assez individualisés et l'on remarque que certains élèves cachent soigneusement leurs ardoises pour que leurs camarades ne copient pas, ou encore dénoncent ces derniers lorsqu'ils ont commis une faute. Mais globalement, que ce soit spontanément ou sous les indications du maître, les élèves s'entraident lorsque l'un d'entre eux n'arrive pas à faire un exercice, à sa table ou au tableau. L'enseignant peut aussi compter le nombre de réponses positives, le noter au tableau et demander à la classe d'augmenter le score collectif au prochain exercice. Les règlements intérieurs contractuels prévoient des groupes de travail, de balayage et de devoirs à la maison, qui ne visent pas uniquement à faciliter l'ordre et le travail du maître, mais aussi à promouvoir l'esprit de groupe. Mais cette solidarité est différente de celle qui est imposée au village, elle ressemble davantage à la solidarité contractuelle analysée par Marie (1997), dans le sens où elle est souvent optionnelle. Les élèves sont encouragés à avoir des opinions personnelles. Si une causerie est menée selon la méthode de maïeutique préconisée, les apprenants se trouvent devant un choix à faire. L'enseignant de CBN2 adultes explique : « *Les grands (élèves) savent que leurs traditions et les connaissances des Blancs sont différentes [...] – Cela change leur attitude ? – Oui, elle est plus souple. Chacun a ses propres convictions* ». Le développement d'un esprit de choix est nouveau : chacun doit se positionner selon ses convictions. Beaucoup d'apprenants acceptent les nouvelles connaissances, au cas par cas, selon leur personnalité mais aussi selon les interdits venant de leur famille, de leur religion, de leur parcours de vie, ou de leur genre, etc. Par exemple, depuis qu'il va en classe, un maçon polygame d'une quarantaine d'année qui a fait la troisième année d'alphabétisation, estime avoir changé de connaissances concernant plusieurs sujets : les fétiches, les interdictions alimentaires (certains animaux, l'œuf), l'importance de la lignée (parentale). Tandis qu'une femme, ayant suivi la seconde année d'alphabétisation, évoque plutôt son changement d'avis sur les pratiques coutumières concernant les femmes : excision, mariage forcé, non-scolarisation. Les écoles bilingues marquent une rupture avec la logique communautaire, de par leur organisation collective de la tâche pédagogique et les modes de présentations des savoirs.

Dans les écoles publiques, le maître fait face aux élèves alignés en rangées sur des tables-bancs. Une classe de CP d'école classique peut comporter plus de cent élèves. Les enfants sont installés quatre par quatre sur les tables-bancs (prévus pour deux). L'enseignant ne peut pas accéder à tous les endroits de la classe : « *Au fond ? Mais il fait chaud et ça sent mauvais !* » déclare un enseignant à ses visiteurs désireux de s'installer derrière les élèves. Les enfants sont parfois obligés d'escalader des tables pour aller au tableau. L'élève exécute les tâches qu'on lui demande du mieux qu'il peut, compte tenu du peu de place dont il dispose pour écrire et du peu de temps qu'on lui accorde pour parler. Le travail de groupe est exclu. Les tâches sont généralement très individuelles, surtout lorsque les enseignants sont autoritaires et peu intéressés par leur métier. Elles s'effectuent dans le silence, dans un temps et dans une position corporelle bien déterminés. Est recherchée une individualisation stricte de la tâche, avec souvent un système de classement individuel et nominatif affiché au tableau. La pratique de la délation est encouragée. Lorsque des éléments collectifs sont introduits, c'est pour mieux faire régner l'ordre : on désigne un chef de rangée pour distribuer des livres par exemple, on demande à un élève d'en interroger un autre, etc. Les enseignants organisent de la sorte un système qui implique l'association de l'ensemble des enfants au système de surveillance et au dispositif punitif (Baux, Lewandowski, 2009). Les classes sont divisées en petits groupes d'élèves dirigés par un des leurs, à qui le pouvoir de coercition a été transféré et qui doit rendre des comptes à l'enseignant. Une gradation s'effectue ainsi vers une pédagogie plus individualisée : éducation communautaire, centres d'alphabétisation, écoles bilingues, écoles publiques.

Des usages de l'écriture plus ou moins individualisés

Cette différence entre dispositifs éducatifs est également visible dans les rapports à l'écriture. Au village, il existe une forme d'écriture traditionnelle détenue par une minorité de personnes : les géomanciens. Après avoir frappé le sable, le géomancien donne une partie de la réponse oralement et une autre par écrit. Il utilise des fragments de calebasse pour écrire des idéogrammes (Cartry, 1963, p. 300). Cartry a révélé que l'essence de la pratique géomantique résidait dans « l'attache » (2005, 2009)[16]. Le géomancien (*o tánbípúálo*) est aussi appelé *o liido* : celui qui « cherche ». Généralement non lettré, le géomancien est un « chercheur ». Il recherche les parcours à effectuer pour « attacher » la vie des gens à l'ordre du monde et à l'ordre généalogique (en recherchant les puissances concernées) et c'est par l'écriture qu'il effectue, après un parcours réflexif, l'acte final d'« attacher » : « Lorsque le devin procède à la découverte du *bulo* auquel son client devra sacrifier, il sera amené à faire un travail de repérage généalogique. Identifier le bulo qui est en cause dans le sacrifice à venir, c'est aussi identifier son vrai "détenteur"» (Cartry, 1976, p. 31). L'écriture divinatoire n'est donc pas uniquement tournée vers l'avenir ; elle cherche à réinscrire, à rattacher la personne à son passé et à son présent, de telle sorte qu'elle s'en ressente mieux. Elle est pratiquée par une personne sous le regard d'autres personnes et a pour objectif de relier la personne aux autres et au monde. Cette forme d'écriture est moins pratiquée aujourd'hui, mais elle

---

16. Je suis reconnaissante envers Michel Cartry (1931-2008) de m'avoir ouvert ses archives et manuscrits en 2003 et incité à utiliser mes photos pour l'étude du pays gourmantché.

continue à être utilisée, notamment pour des consultations à distance : lorsqu'une personne ne peut se déplacer pour consulter, le géomancien tape le sable pour lui et lui envoie la réponse écrite, par l'intermédiaire d'une personne de confiance. Certaines personnes utilisent actuellement ces écrits pour « vérifier » : ils vont consulter un autre géomancien et lui remettent le fragment pour comparer les indications. L'écriture géomantique confère certes du pouvoir et du prestige à celui qui la connaît, mais elle doit avoir avant tout pour objectif la cohésion du groupe et le rattachement des personnes.

En revanche, l'écriture profane, amenée par l'école, renouvelle les rapports sociaux : elle permet l'ascension sociale de certains, or ceux-ci respectent plus ou moins les systèmes de redistribution obligatoire. Dans sa pratique même, elle modifie aussi le rapport à soi (Mbodj-Pouye, 2009). En classe, l'écrit est présent sur de multiples supports : manuels scolaires, cahiers des élèves, ardoises murales, ardoises individuelles, affiches sur les murs, cahiers du maître, règlement intérieur placardé, etc. Les livres sont généralement en nombre insuffisant. Dans la Gnagna en 2005 par exemple, un enfant sur deux au primaire a un livre de lecture, un sur cinq un livre de calcul, d'histoire et de géographie, un sur sept a un livre de sciences de l'observation, et moins d'un élève sur 200 un livre de grammaire-langage (MEBA, 2005c). Dans les centres d'alphabétisation, les élèves n'ont généralement pas plus d'un livret pour trois ou quatre personnes. Les enseignants se servent systématiquement des livres pour préparer leurs cours. Plus son niveau de formation est faible, et plus l'enseignant dit suivre fidèlement le manuel pour la préparation de son cahier de cours (source : questionnaire). Lorsque les livres manquent, les enseignants utilisent comme support de leurs cours des cahiers d'anciens élèves qui contiennent des résumés de manuels fidèlement recopiés en classe à partir du tableau. Les élèves utilisent rarement des manuels en dehors de l'école : soit il n'y a pas (assez) de manuels ; soit on ne les leur prête pas, car ils les rendent dans des états inutilisables ; et presque aucun élève ne possède de manuels personnels. Pour tous, le livre a un statut particulier. Sa rareté peut être l'occasion de stratégies individuelles : des ouvrages sont achetés à grand peine et de façon illicite dans la rue ou au marché (les manuels de primaire et de collège ne peuvent normalement pas être commercialisés), après avoir été volés dans les bibliothèques ou les établissements, ou encore trouvés au marché[17]. Ils sont jalousement conservés à la maison, de peur qu'un camarade de classe, un petit frère, ou un collègue ne demande à l'emprunter. Le livre scolaire fait ainsi l'objet d'une appropriation individuelle qui confère du pouvoir à son détenteur.

Quant à la tâche d'écriture, elle est l'une des rares tâches individuelles que les personnes doivent réaliser. À l'école, même la lecture peut se faire à plusieurs, l'acte d'écriture est le seul pour lequel on demande un travail réellement individuel. Mais dès que cela est possible, les enfants et les adultes des centres d'alphabétisation essaient d'écrire ensemble. Par exemple, lors d'une dictée de lettres, deux fillettes donnent des conseils enthousiastes à la troisième qui tient la craie. Cette écriture collective provient parfois d'un manque de fournitures, mais aussi d'habitudes fondamentales, car il est très difficile pour les apprenants d'effectuer une tâche solitaire, comme le montre cet échange entre une animatrice d'alphabétisation et un de ses apprenants : « *– Mais je ne comprends pas : au tableau, vous y arrivez mais pas sur vos cahiers ! – Sur les cahiers, c'est un travail individuel et on est lent avec le bic, répond un apprenant* » (traduction). L'apprenant souligne notamment la difficulté de réaliser « un travail individuel ». Progressivement, l'exercice devient un travail plus individuel comme dans l'école bilingue. Dans les écoles publiques, les élèves qui recherchent une pratique collective de l'écriture sont chicotés. De la sorte, de nombreux paramètres non verbaux – tels que l'organisation de

17. L'importance financière des manuels amène beaucoup de malversations : surfacturation lors de la production et réalisation de produits de moindre qualité, production opportuniste de manuels inadaptés par des coopérations internationales ayant à placer des consultants et des financements, revente de manuels gratuits (http://www.lefaso.net/spip.php?article38462&rubrique21, consulté le 4 juillet 2011), etc.

l'espace, la structuration du système de travail, de gratification et de sanction et les modes d'usages de l'écriture – contribuent au curricula caché, à la valorisation différentielle du réel. Elles permettent la hiérarchisation des normes. Bien que les notions de personne et d'individu coexistent dans tous les dispositifs scolaires, c'est la personne insérée dans le collectif qui reste la référence dans les centres d'alphabétisation alors que c'est l'individu performant qui constitue le modèle dans les écoles publiques.

Les approches d'ignorance, de rejet, de reconnaissance, d'instrumentalisation ou d'identification-renforcement tacite s'avèrent d'importants procédés d'hybridation des savoirs et des normes. Nous avons vu que cette hybridation est un processus dynamique car il se réalise en fonction des conditions sociales de la rencontre (types de dispositifs scolaires, situations d'interactions en classe, etc.) ; et qu'il concerne à la fois des savoirs pratiques (savoirs ponctuels, techniques, comportementaux, etc.) et des catégories cognitives (principes logiques, concepts). Le procédé d'instrumentalisation des savoirs locaux est particulièrement fréquent. Les savoirs locaux sont structurés dans un système complexe de connaissance produit par la société rurale gourmantchée. Ce système prône un rapport au savoir spécifique, comme le montre par exemple le conte ou le dicton dont la multidimensionnalité simultanée des sens (narratifs, sociaux et ésotérique) incite l'auditeur à une investigation de type analogique. Mais à l'école, les savoirs locaux utilisés sont déconnectés de leurs catégories cognitives originelles pour mieux servir d'autres formes de pensée (scolaire dans les écoles publiques, et développementiste dans les écoles bilingues d'ONG). Le procédé de renforcement tacite est également très important. Quel que soit le dispositif, à aucun moment les enseignants n'explicitent, ni ne débattent des catégories cognitives des savoirs locaux. Ils n'abordent pas ces catégories tantôt parce qu'ils les ignorent ou les dénigrent (par exemple dans les écoles publiques), tantôt parce qu'ils manquent de recul (comme dans les centres d'alphabétisation). On pourrait penser que les savoirs locaux, extraits de leurs catégories cognitives originelles, sont condamnés à se figer et à disparaître. En réalité, l'absence de débats scolaires explicites sur ces catégories cognitives locales permet paradoxalement à ces dernières d'être en partie conservées aux côtés de nouvelles catégories scolaires apprises. Cette coexistence se réalise de manière hiérarchisée en fonction des normes des différents dispositifs d'enseignement. Le chapitre suivant montre comment elle opère dans le quotidien des anciens apprenants.

4

Entre savoirs locaux et savoirs scolaires

Les pratiques quotidiennes

« *Nous sommes des nasar pusuca : on n'est pas Blancs, on n'est plus Noirs* »

Responsable d'ONG d'une quarantaine d'année (Gnagna, Burkina Faso, 2006).

Les études sur les systèmes éducatifs et leurs curricula négligent souvent les acteurs principalement concernés : les élèves et adultes en formation. Or si les apprenants et leurs familles ne sont que partiellement structurés (association de parents d'élèves, associations d'anciens élèves, etc.), et ne pèsent pas toujours sur les politiques éducatives au niveau national, ils jouent un rôle majeur dans la diversité de leurs trajectoires. Leur demande d'instruction multiforme et souvent peu entendue par les pouvoirs publics influence la mise et le maintien des apprenants à l'école, mais aussi leurs acquisitions scolaires. Leur trajectoire (éducative puis socioprofessionnelle) hors école est également déterminante pour l'intensité et les formes de mobilisation des savoirs acquis. À partir de l'exemple burkinabè, le chapitre insiste sur ces points en montrant le caractère doublement inégalitaire de l'acquisition des savoirs scolaires et locaux, puis des trajectoires des apprenants. Il souligne comment ces trajectoires influencent les mobilisations et l'hybridation des savoirs par les anciens élèves.

Acquisitions des savoirs scolaires et communautaires : la double inégalité

L'éducation non scolaire est souvent ignorée dans les politiques et les textes institutionnels. Pourtant, la population ouest-africaine rurale n'a pas attendu les derniers programmes d'instruction décennaux pour éduquer ses enfants. La présence d'un système familial, mais aussi communautaire complexe de transmission des savoirs est un paramètre important pour la fréquentation des écoles, ainsi que pour l'acquisition des savoirs scolaires et communautaires. Nous soulignerons ici que l'accès au savoir est inégal tant dans l'éducation scolaire que communautaire.

Une acquisition faible et inégale des savoirs scolaires

Les inégalités scolaires sont vives en termes de temps de scolarisation, mais aussi de qualité des apprentissages à temps de scolarisation égal. Un enfant burkinabè d'âge scolaire peut espérer passer en moyenne seulement 4,3 années dans le système éducatif national pour l'année 2006-2007 (Banque mondiale, 2010, p. 66). « On estime à au moins 20 % la proportion d'enfants qui n'accèdent pas à l'école, et sur les 80 % (taux bruts d'accès) qui entrent à l'école primaire, ils sont environ 60 % à abandonner avant le CM2 (soit environ 48 enfants qui abandonnent laissant ainsi seulement 32 enfants qui achèvent le primaire). Par ailleurs, ils ne sont que 20 % (soit 16 enfants sur 100) à accéder en 6e (première année du collège), 10,7 % (soit 8 enfants sur 100) en 3e (dernière année du collège) et seulement 6,3 % en classe de terminale » (Banque mondiale, 2010, p. xviii). C'est l'un des taux les plus faibles d'Afrique. L'accès et la durée de vie scolaire varient surtout selon le milieu de résidence et le revenu des ménages[1] : en particulier, le taux d'achèvement est de 26 % en milieu rural, contre 81, 5 % en milieu urbain. Et en milieu rural, les deux quintiles les plus pauvres n'atteignent que 14 % de taux d'achèvement, contre 43 % pour le quintile le plus riche (Banque mondiale, 2010, p. 148). La région de l'Est où est située la Gnagna qui présente le second taux d'achèvement le plus bas du pays : 20 % des enfants ayant accédé au primaire atteignaient l'entrée en CM2 en 2005-2006 pour une moyenne nationale de 34 % : cet écart entre la région de l'Est et la moyenne nationale ne s'est pas résorbé depuis une décennie (Banque mondiale, 2010 ; p. 146). L'accès et la durée de vie à l'école dépendent de la conjonction de l'offre scolaire et de la demande des familles qui entretiennent des relations dialectiques (Lange, Martin, 1995). Les études sur la demande scolaire prennent généralement en compte un nombre de facteurs trop limité dont elles analysent en outre peu les interactions (Lange, 1987 ; Pilon et Yaro, 2001 ; Lange et Pilon, 2009). En milieu rural, certaines familles pauvres et rurales ne souhaitent pas scolariser leurs enfants car elles considèrent l'école comme un facteur d'appauvrissement à la fois financier et social (Lewandowski, 2007b). La population vivant majoritairement d'agriculture, scolariser conduit à perdre de la main-d'œuvre et à vendre des animaux pour payer les frais directs et indirects de la scolarisation, alors que les consé-

1. « Que ce soit pour l'accès ou pour l'achèvement [du primaire], les inégalités les plus fortes sont celles relatives à la localisation géographiques [rural-urbain] (39,4 points d'écart absolu pour le taux d'accès et 55,6 pour le taux d'achèvement), suivies des inégalités liées au revenu (écart absolu de 23,5 points pour l'accès et 26,8 points pour l'achèvement). Les inégalités de genre, bien que réelles, demeurent relativement faibles [respectivement 5 et 0,5] » (Banque mondiale, RESEN, 2010, p. 149).

quences financières et sociales restent incertaines. « *On forme des chômeurs et des bandits* » résume à ce sujet un inspecteur d'école classique. Effectivement, le taux de chômage augmente parfois avec le niveau d'instruction : à Ouagadougou chez les 25-34 ans, seulement 9,5 % des jeunes Burkinabè ayant un niveau d'instruction primaire et moins étaient au chômage, contre 17,5 % pour les diplômés de l'enseignement général du 1er cycle en 2007 (Banque mondiale, 2010, p. 133). Les chômeurs qui ont étudié peinent à se réinsérer à la campagne : « *Généralement, c'est ceux qui arrivent jusqu'au secondaire [qui ont des rapports difficiles avec le village]. Au primaire, tu es encore petit : tu ne peux pas t'imposer. Mais ceux qui font le secondaire jusqu'à la quatrième ou troisième, généralement quand ils reviennent au village, ils sont chauds chauds !* » explique un responsable de formation d'ONG. Or une désinsertion sociale est l'une des choses les plus graves qui puissent arriver dans la société gourmantchée rurale où nous avons vu l'importance des interactions. Des familles préfèrent ainsi, soit ne pas scolariser, soit ne pas scolariser trop longtemps les enfants. Les décisions de scolarisation sont collectives : elles ne dépendent pas uniquement du chef de ménage et se prennent en fonction d'objectifs qui concernent l'ensemble de la famille et des enfants vivant dans la même cour (Lewandowski, 2007b). Certains parents (géniteurs, oncles, tantes, tuteurs) peuvent combiner les différents types d'éducation : par exemple, scolariser un seul enfant dans une école privée renommée, quelques-uns dans les écoles publiques en français ou dans des écoles d'ONG bilingues, certains uniquement à l'école coranique ou au catéchisme, et enfin d'autres dans les lieux de formation communautaire, notamment les ateliers familiaux et les cercles d'initiation. De la sorte, les choix d'éducation ne dépendent pas uniquement du niveau de vie et d'information des familles, mais aussi des projets de société et des valeurs que les familles défendent (Gérard, 1997 ; Lewandowski, 2011a). Il en résulte des stratégies de scolarisation complexes en particulier pour les familles les plus démunies qui ne répondent pas forcément aux logiques des décideurs (Lange et Martin, 1995, p. 569).

Pour les enfants burkinabè qui accèdent à l'école, les taux d'acquisition sont particulièrement faibles : environ 65 % des élèves n'atteignent pas un seuil minimal de bonnes réponses (estimé à 40 %) aux tests de français et de mathématiques du Programme d'analyse des systèmes éducatifs de la CONFEMEN (PASEC). Pour des niveaux de scolarisation égaux, les taux d'acquisition varient en fonction de variables diverses dont le type d'établissement fréquenté, le genre, la pauvreté. L'hétérogénéité des stratégies de scolarisation, conjuguée à la diversification de l'offre scolaire, induit des écarts importants dans la fréquentation d'établissements de qualité. D'après le Programme d'analyse des systèmes éducatifs de la CONFEMEN (PASEC), en 5e année du primaire (CM_1), les élèves qui fréquentent les écoles privées (non arabophones) apprennent beaucoup plus que ceux qui fréquentent les écoles publiques selon les tests en français et en mathématique. Les élèves des écoles privées franco-arabe, en revanche, apprennent nettement moins en français et en mathématique que les écoles publiques rurales (PASEC, 2009, p. 34). Le genre et le lieu de résidence influencent aussi les acquisitions : une fille rurale a seulement 36 % de chances d'être alphabétisée à la fin du CM_2, tandis qu'un garçon rural aura 64 % de chances de l'être et un garçon urbain 81 % (Banque mondiale, 2010, p. 152). Globalement et sans surprise, ce sont les plus pauvres qui parviennent le moins à être alphabétisés : en 2007, 61 % des personnes originaires du quintile le plus riche étaient alphabétisées contre seulement 12 % du quintile le plus pauvre (enquête QUIBB, Banque mondiale, 2010, p. 153).

De la sorte, seul un nombre restreint d'enfants acquièrent des savoirs scolaires au Burkina Faso : d'après une enquête ménage (EBVCM, 2003), 67 % des jeunes qui cherchaient à s'insérer sur le marché du travail entre 1999 et 2003, pouvaient être en situation d'analphabétisme (jamais allés à l'école) ou d'illettrisme (scolarité primaire incomplète et difficultés à lire et écrire) (Banque mondiale, 2010, p. 136). Au Burkina Faso, le secteur primaire demeure de loin le premier pourvoyeur d'emploi (87 %) au détriment du secteur tertiaire (10 %) et secondaire (3 %) qui ne progressent que lentement depuis les

20 dernières années (Banque mondiale, 2010, p. xxiv). La majorité des personnes actives ayant un niveau d'études primaire et moins travaillent dans l'agriculture, l'élevage, la pêche ou la chasse (79,6 %), cette tendance s'inverse dès que les personnes ont atteint le niveau secondaire général 1er cycle. Elles travaillent alors majoritairement dans les professions tertiaires : essentiellement dans le commerce et l'artisanat souvent informel (38 %), mais aussi dans l'administration et les professions libérales (18 %) et divers services (17 %). À la fin du second cycle général, les actifs travaillent essentiellement dans l'administration et les professions libérales (67, 6 %) (Banque mondiale, 2010, p. 135).

Une éducation communautaire elle aussi inégalitaire

L'inégalité, constitutive de la structure sociale, est présentée dans la communauté comme une hiérarchie naturelle, voire sacrée. Elle organise tous les domaines de la vie sociale, mais a été peu étudiée en ce qui concerne l'accès aux savoirs locaux : la littérature sociologique s'est surtout attachée à la question des inégalités d'instruction, en examinant peu les inégalités d'accès aux autres savoirs ; tandis que la littérature anthropologique, s'est surtout intéressée à la signification du secret dans le rapport au savoir, en insistant peu sur les inégalités sociales ainsi créées.

L'éducation communautaire est en fait très variable selon le statut de l'enfant, le type de famille, l'éventuelle scolarisation de l'enfant, etc. Un enfant est éduqué selon son sexe, son rang de naissance, sa position dans la famille (surtout si celle-ci est polygame) et ses caractéristiques « personnelles » comme l'ancêtre qu'il est censé réincarner, son caractère, ses éventuels handicaps, ses capacités, etc. Les différences de transmission entre les filles et les garçons sont particulièrement visibles dans les grandes étapes éducatives qui ressemblent à celles généralement observées en Afrique de l'Ouest (Rabain, 1979 ; Lallemenad, 1993 ; Badini, 1994). Schématiquement, de la naissance au sevrage vers deux ans, l'enfant est en permanence avec sa mère ; ensuite, les garçons et les filles sont séparés. La responsabilité des garçons va aux oncles paternels tandis que celle des filles va aux tantes paternelles, même s'ils restent encore avec leur mère. Les garçons commencent parallèlement une éducation par les « groupes d'âge », notamment autour de jeux et de travaux collectifs comme le gardiennage du bétail. Ils sont circoncis dans des camps où on leur explicite davantage de savoirs que dans les cases d'excisions féminines. Ceci est d'autant plus vrai aujourd'hui que l'interdiction légale de l'excision en a limité les pratiques : elles sont désormais moins nombreuses, mais aussi souvent réduites à un acte chirurgical d'où les rituels ont disparus et qui est réalisé dans des conditions sanitaires toujours très mauvaises. À la puberté, la fille reste auprès de sa mère et de sa tante, pour apprendre les tâches et les métiers féminins, tandis que le garçon se rapproche de son père et de son oncle, pour apprendre les travaux masculins. Ces étapes de l'éducation communautaire construisent rapidement l'interdiction de la production d'une individualité trop forte ou trop centrée sur elle-même par une prise en charge codifiée de l'enfant par la collectivité. Elles reproduisent aussi la division sexuelle des tâches et leur valorisation différentielle : une des constantes anthropologiques majeures décrites par Françoise Héritier (1996).

L'éducation communautaire est également très différente selon la famille dont est issu l'enfant : son statut reconnu dans l'espace coutumier (chef coutumier, griot, forgeron, etc.) mais aussi dans les normes administratives (agriculteur, commerçant, salarié d'ONG, etc.). Chaque famille dispense des savoirs spécifiques à certains enfants : par exemple, un chef de terre enseignera à son fils aîné les rituels à pratiquer lors des enterrements et des funérailles. Les différences d'acquisition de savoirs entre les familles sont parfois légitimées par un aspect magique : certains savoirs sont considérés comme « innés ». Un retraité nigérien, ancien haut fonctionnaire, explique : « [Le jeune] peut avoir les secrets des forgerons, c'est-à-dire cette invulnérabilité par le feu et par le fer. On dit qu'il a bu ça dans le lait de sa mère ». Pour Bruno Martinelli, insister sur le caractère intransmissible d'un métier fournit une forme de légitimité particulière au groupe détenteur et met en exergue le caractère filial de la transmission des savoirs (Martinelli, 1996, p. 12). Par ailleurs, certains savoirs sont réservés à une petite minorité de personnes, comme les savoirs magiques des initiations secrètes au Bagré par exemple. L'initiation du novice se fait auprès d'un géomancien qu'il doit servir un certain temps avant de pratiquer des rituels, en particulier des imprégnations, censés lui procurer le pouvoir de la divination (Delobsom, 1934).

L'éducation coutumière varie aussi en fonction de la présence ou de l'absence de scolarisation de l'enfant, du lieu et de la durée de cette scolarisation, de la manière de se comporter au retour de l'école : « *Généralement les vieux ne vont pas appeler un enfant : "Hé, viens, je vais t'enseigner quelque chose". Mais si tu es un enfant intelligent et sage, quand tu les vois assis [les vieux], tu peux t'approcher : le vieux va commencer à te parler et si tu lui poses des questions, il te répond* » explique un ancien scolarisé.

C'est ainsi une conjugaison de critères multiples (la liste décrite plus haut n'étant pas exhaustive) qui permet à un jeune Gourmantché de recevoir un savoir coutumier. Par exemple, un de nos interlocuteurs dit avoir appris les règles de succession de chefferie, les manières de créer des réseaux dans la province et dans la cour royale de Fada, de s'informer sur d'éventuels opposants, de choisir des conseillers fidèles et compétents dans différents domaines, etc. S'il a pu apprendre ces savoirs, c'est pour de multiples raisons : il est issu d'une famille de chefs (et non de forgerons par exemple) ; c'est un garçon ; il est l'un des aînés et l'un des enfants d'une femme appréciée par son père polygame ; enfin, sa scolarisation n'a pas transformé son écoute des vieux selon les règles traditionnelles.

Trajectoires d'apprentissage : de l'intégration à la double exclusion

La double inégalité des apprentissages scolaires et des apprentissages communautaires aboutit à une multiplicité de trajectoires et de statuts sociaux particulièrement hétérogène. Quatre trajectoires idéal-typiques seront présentées ici : elles prennent en compte à la fois le niveau de scolarisation et le niveau d'éducation communautaire. Plus difficile à évaluer que le niveau de scolarisation, celui d'éducation communautaire a été déterminé au cours des entretiens qui ont précédé les biographies à partir des déclarations des personnes concernées, mais aussi des informations acquises informellement dans les villages concernant les savoirs acquis dans les sphères familiales et communautaires. Il s'agit en particulier de savoirs liés aux initiations rituelles comme la circoncision (effectuée de façon coutumière et non à l'hôpital), à la magie (comme la géomancie), à l'histoire et à la géographie (des Gourmantchés, du pays, de la parenté élargie), aux métiers « traditionnels » (guérisseur, forgeron, griot, etc.), aux réseaux familiaux et sociaux (structuration de la parole, des visites, des dons, etc.), et aux savoir-faire quotidiens (cuisiner, cultiver). Les biographies[2] sont utilisées ici comme des relectures subjectivées, riches de l'identité narratives des personnes et de leur attitude réflexive vis-à-vis d'elles-mêmes et de la société (Cabanes, 2002). Certaines personnes possèdent surtout des savoirs coutumiers (scolarisation primaire – ou moins – et forte éducation communautaire), d'autres possèdent surtout des savoirs scolaires (scolarisation secondaire et faible éducation communautaire). Certaines peuvent aussi n'avoir été formées à aucun de ces savoirs

2. Nous avons attendu deux années de résidence dans la Gnagna avant de commencer les biographies : choisir les bonnes personnes, disposer de sources d'informations extérieures aux personnes concernées (observations, autres entretiens) et pouvoir bénéficier de relations de confiance. Ont été effectuées ainsi sur plusieurs mois 12 biographies. Tous les prénoms ont été modifiés en respectant l'origine du prénom (gourmantché animiste, catholique ou musulmane).

(pas de scolarisation et peu d'éducation communautaire) et d'autres à tous (scolarisation secondaire et forte éducation communautaire).

Ceux qui possèdent surtout des savoirs communautaires

Ardjima n'a pas été à l'école. À sept ans, il quitte la compagnie de sa mère pour rester avec les hommes : il commence à apprendre à « *tenir l'écuelle [à diriger un foyer]* ». Il a grandi dans une cour royale où il a été longuement formé par son père à des savoirs ésotériques d'initiés. À vingt ans, il va dans les camps de circoncision et y passe les différentes épreuves coutumières : « *Quand tu as subi cette souffrance-là, tu sors, tu es éveillé* ». Il rencontre alors une jeune fille et, pour pouvoir la demander en mariage, va cultiver le champ du père de cette dernière pendant deux ans. Il se marie et constitue son champ personnel, distinct de celui de son propre père dont il dépendait jusqu'à présent. Il est aujourd'hui cultivateur, géomancien et féticheur. Il tape le sable et sacrifie lui-même, comme son père le lui a appris. Avec cela, il peut « *voir* », « *savoir* », « *tuer* », « *aider* ». Mais il accepte les nouvelles religions monothéistes : il a autorisé sa femme et ses enfants à se convertir. Il sait aussi guérir avec les plantes, comme certains vieux le lui ont montré, au terme d'un long apprentissage. Il connaît également tous les langages des signes sociaux et décrit au cours de son récit tous les symboles utiles pour vivre en société. Il détient essentiellement des savoirs coutumiers et les valorise : « *Cela me plait de ne pas avoir trop fréquenté [l'école], si j'étais rentré à l'école, je n'allais pas garder ma pensée [ma façon de penser]* ». Il accepte l'instruction dans une certaine mesure : pas forcément pour tous les enfants (sur ses quatre enfants vivants, il en a scolarisé deux) et avec vigilance (« *Si tu étudies même pendant cinq ans et puis tu ressors, là aussi, tu es éveillé. Ce n'est pas comme celui qui n'est pas rentré à l'école [... Mais] Quelqu'un peut étudier et ça va se terminer par du n'importe quoi. C'est celui qui étudie trop. [...] Celui que Dieu épargne du malheur, il va étudier jusqu'à gagner et connaître le bénéfice de son étude. Mais il y en a qui ne connaissent pas cela. J'ai vu certains devenir fous* »). Que l'on reste plutôt attaché aux savoirs et aux modes de vie coutumiers, ou que l'on s'oriente vers l'instruction et les modes de vie nouveaux, la vie est difficile : « *Nous tous on est fatigués. Si tu tiens hier [si tu vis traditionnellement] tu es fatigué. Si tu prends aujourd'hui, que tu laisses ta propre vie et tu t'accroches à la vie d'autrui [si tu adoptes les nouveaux modes de vie occidentaux] et que Dieu ne t'aime pas [et que tu n'as pas de chance ou que tu n'es pas aidé par Dieu], toi aussi tu vas te fatiguer. C'est dur, mais c'est comme ça* ».

Ceux qui maîtrisent surtout des savoirs scolaires

Jeanne est née dans une petite ville, Fada N'Gourma. Elle est issue d'une liaison extraconjugale officieuse de son père polygame. Elle a ainsi toujours vécu entre la concession paternelle polygame, violente envers elle (surtravail, violences physiques, accusations mensongères, discriminations, humiliations) et la maison de sa mère, commerçante célibataire, souvent absente : « *Quand ça chauffait d'un côté trop, j'allais de l'autre* ». Certains apprentissages familiaux qui peuvent paraître simples et systématiquement transmis ne lui ont ainsi pas été enseignés[3]. Son père est enseignant, mais la discrimine par rapport à ses autres enfants : elle doit dormir par terre et se débrouiller toute seule pour ses cahiers. Sa mère n'a pas le temps de lui parler, ni de lui « *montrer des choses* ». Mais Jeanne est scolarisée et parvient tant bien que mal jusqu'en terminale : « *Il fallait que je réussisse, c'était la seule solution pour moi* ». Les adultes ne la suivent pas beaucoup : elle tombe enceinte. Elle est alors mise à la rue : aucune des deux parties ne veut d'elle et personne ne veut accepter non plus la proposition de mariage que fait le futur jeune papa. Jeanne se débrouille seule, comme elle peut, en

3. C'est le cas aussi de Potiaba qui a perdu sa mère très tôt : « *Moi, on ne m'a pas reconnue. Lorsqu'on m'a reconnue, j'avais déjà beaucoup souffert* ».

vendant des beignets. Sa grand-mère maternelle la recueille peu avant l'accouchement. Elle reste chez elle pendant deux ans, en exerçant de petits métiers : « *Par exemple, j'avais appris à tricoter avec les rayons d'une vieille roue de vélo, en récupérant les chutes de fil de mes marâtres et en les regardant faire... Comme je savais tricoter, j'ai vendu des tricots [...] Mais quand Monique [sa fille] était petite, ce n'était pas facile, même pour trouver à manger* ». Elle passe des concours et des tests et parvient à être prise dans une ONG intervenant dans la Gnagna. Elle travaille maintenant, depuis plus de dix ans, dans des ONG de la Gnagna et obtient des postes de plus en plus intéressants. Elle est désormais reconnue et respectée : même son père et ses marâtres ont renoué le contact avec elle. Elle a accepté de reprendre les relations, mais pour que sa fille ne vive pas les mêmes souffrances, elle attend qu'elle ait le CEP, avant de l'envoyer vivre quelque temps avec son grand-père : « *Comme ça, elle pourra se défendre* ». Sa fille, elle l'a mise à l'école primaire à quatre ans : l'enfant était « *éveillée* » et il n'y avait personne pour la garder pendant qu'elle partait travailler. L'enfant est aujourd'hui dans une école privée catholique, où tous les fonctionnaires de la province qui le peuvent envoient leurs enfants. Comme toutes les personnes qui ont connu des situations familiales de souffrance, elle n'a pas pu apprendre beaucoup les savoirs coutumiers et s'en méfie : « *La culture, c'est bien, mais moi je ne la connais pas ma culture, alors je ne peux pas apprendre ça à Monique... et puis, il y a des choses que je connais et que je n'accepte pas : comme le mariage forcé par exemple [...] La culture [traditionnelle], c'est un monde clos* ».

Les « exclus » des savoirs communautaires et des savoirs scolaires

Pierre, lui, ne possède vraiment ni savoirs coutumiers, ni savoirs scolaires approfondis. Issu d'une famille polygame constituée de quatre femmes et de vingt-et-un enfants, Pierre perd son père alors qu'il est encore jeune. Alors que son père l'appelait tout le temps pour qu'il reste auprès de lui et observe des choses, Pierre se retrouve rapidement livré à lui-même. Il n'est pas envoyé à l'école et la famille s'entre-tue (au sens propre du terme) pour l'héritage. Il seconde un coiffeur, cire des chaussures, aide sa mère à préparer du riz pour vendre au marché... Sans soutien familial, sans argent, ni savoirs coutumiers ou scolaires à monnayer, Pierre n'a aucune ressource, si ce n'est son propre corps qu'il décide d'utiliser. Il se met à faire de plus en plus de sport : il part tout seul en brousse, court, déplace des cailloux, fait des exercices en demandant conseil « *à des gens musclés* ». Comme il ne mange pas bien, il consacre toute son énergie au développement de ses muscles : « *Je ne m'amuse pas avec les demoiselles. Sinon, c'est pas bon, tu manques de vitamines, tu maigris trop* ». Lorsqu'il atteint les vingt ans, il part au Niger pour travailler dans les mines d'or. La vie des mines est miséreuse et dangereuse : plusieurs camarades perdent la vie dans un accident, il en ressort indemne, entre autres grâce à sa musculature. Épuisé, il décide de partir et de gagner sa vie en chargeant des camions. Il continue le sport : « *Dieu m'a donné la santé... Je voulais avoir des muscles car je n'avais pas de parents pour m'aider* ». Pierre répète toujours « *c'est tout seul [que j'ai fait telle ou telle chose]* ». Après un grave accident de camion, dont il réchappe également, il décide de revenir « en ville », dans un chef-lieu de la Gnagna. Il aide des gens dans les bagarres et gagne quelques amitiés pour obtenir quelque argent. Il lave des motos, tape le djembé dans des cérémonies... Dans un de ses voyages en ville, il arrive à séduire une fille. Comme il n'a pas d'argent pour payer la dot, il l'enlève avec son consentement. Peu de temps après, un garçon naît, il l'appelle en gourmantché « Dieu a réparé » (les souffrances passées). La belle-famille reconnaît alors l'union, même sans dot. Pierre a choisi comme épouse une jeune fille qui a été à l'école : « *Je veux quelqu'un qui travaille, qui parle français à mes enfants et qui les aide à faire ses devoirs* ». Il a lui-même appris un peu le français au cours de ses voyages et souhaite suivre des cours du soir, lorsqu'il en aura la possibilité. Il veut parler mieux le français, pour « *ne pas être trahi à la gendarmerie ou ailleurs* », « *ne pas passer à côté de certains emplois* » et « *aller au pays des Blancs* ». Il dote les Blancs de toutes les qualités : générosité, courage, intelligence. « *Celui qui est allé à l'école, c'est comme celui qui est rentré en brousse, il prend des risques pour connaître davantage et aller plus loin* ». Il emprunte, comme il peut, des savoirs issus des univers scolaires et coutumiers dont il a été rejeté. Il aspire sans grandes nuances à une vie moderne, instruite et occidentalisée[4].

Les « privilégiés » des différents milieux

À l'exact opposé de Pierre, Moussa a bénéficié d'un parcours de formation communautaire et scolaire particulièrement complet. Moussa est le seul fils direct du Chef encore en vie, il est éduqué dans la cour royale. On lui enseignera petit à petit, en fonction de son âge, à se taire, à examiner... puis à se positionner (comment se faire un nom, comment jouer avec l'information et sa rétention, etc.). En particulier, il apprend comment créer et gérer un réseau : trouver l'équilibre entre les réseaux, être reconnu et influent à la cour de Fada, anticiper des alliances, détecter les problèmes, etc. Enfant, il garde les troupeaux de la famille avec les Peulhs. Puis il est inscrit à l'école par son père : Moussa a une maladie et son père sait que c'est par l'école qu'il pourra réussir et non par des travaux physiquement difficiles. Moussa comprend qu'à l'école, pour les autres, il n'est pas fils de chef, mais fils de paysan : « *À l'école, je sentais que l'on n'était pas pareils... parce qu'il y avait des enfants de fonctionnaires. Même nos habits étaient différents... Pour pouvoir me*

4. Ce type de personnes qui ont été exclues à la fois des savoirs communautaires et des savoirs scolaires rencontrent beaucoup de difficultés dans l'apprentissage des métiers : d'une part, elles ne possèdent pas les savoirs scolaires comme l'écriture qui accélèrent l'apprentissage ; d'autre part, elles n'ont pas non plus vécu la contrainte éducative structurante de l'éducation communautaire qui permet de faire face à des apprentissages longs.

comparer, la seule façon de faire, c'était de bosser [...] Je me sentais paysan avant de me sentir fils de chef, parce qu'il y avait une autre catégorie sociale supérieure : ici, c'était les fonctionnaires ». Il travaille ainsi beaucoup pour réussir et obtient toujours une des trois premières places. À douze ans, il est circoncis. Mais comme il fréquente l'école et ne peut s'absenter trop longtemps, il ne va pas dans les camps de circoncision : il est envoyé à l'hôpital. Il parvient ainsi jusqu'en terminale, où sa maladie l'empêche, à deux reprises, de passer le baccalauréat. Dépité, il part à Ouagadougou chez un ami qui a, lui, réussi à entrer à l'université. Là-bas, il renforce sa formation et son militantisme politique : Sankara vient de prendre le pouvoir et le jeune Moussa a suivi depuis la Gnagna avec passion l'ascension du capitaine. Il s'engage dans les réseaux militants sankaristes, ainsi que dans les mouvements de défense des droits de l'homme, notamment au travers du Mouvement burkinabè des droits de l'homme et des peuples (MBDH). Aujourd'hui encore, il continue à militer dans ces deux courants. Il lit beaucoup : tout ce qui passe à sa portée, mais de préférence des livres politiques (Marx, Che Guevara, Arafat, divers courants) et des ouvrages de sociologie. Ces ouvrages, associés à la formation qu'il continue de recevoir en famille sur les rouages politiques de la chefferie, lui forgent une solide habitude d'analyse critique. Après avoir travaillé quelques mois dans une entreprise, il est embauché dans une ONG intervenant dans la Gnagna. Il retourne dans la province et y travaille une quinzaine d'années. Il est formé par l'ONG dans différents domaines : développement local, santé publique, animation de groupe, gestion de projet, etc. Il apprend aussi à travailler avec des Blancs et à comprendre d'autres cultures : « *Dans notre militantisme révolutionnaire primaire, on était convaincus que le Français, c'était celui qui nous voulait du mal [...] La façon dont on a travaillé [dans l'ONG], nous a révélé que c'était des gens comme nous, qui avaient leurs défauts et leurs qualités individuelles en plus de leur culture* ». Le travail en ONG relativise aussi à ses yeux l'approche révolutionnaire du changement social : à l'époque, dans leur fougue de jeunes sankaristes, ils ne retenaient des discours du capitaine que la lutte contre l'impérialisme et le changement radical. Petit à petit, il analyse aussi les causes internes des difficultés de son pays et la nécessité d'un travail au quotidien : « *La lutte ne doit pas être portée que sur l'impérialisme. Il y a des forces internes partout qu'il faut combattre : il faut d'abord résoudre la question interne avant de s'attaquer à l'autre [...] Ça a changé ma façon de voir. Parce qu'ils [les Blancs] ont un mode de travail différent, une façon de s'adonner à la tâche différente aussi : par exemple, ils précisent toujours dans le temps et ils ne reportent pas ce qui peut se faire maintenant [...] C'était aussi une force de Sankara ça : quand il disait quelque chose, il le faisait tout de suite* ». Moussa arrive ainsi à concilier sa position sankariste et son travail dans une ONG avec des Blancs. Il concilie aussi ses convictions révolutionnaires avec la religion protestante, qu'il a adoptée comme beaucoup de jeunes au cours de sa scolarisation. Sa religion tranche à la fois avec l'idéologie révolutionnaire et avec les pratiques coutumières : « *C'est une vie culturelle différente* ». Les gens de la cour royale consultent des géomanciens à son propos, mais lui déclare : « *Ça ne m'intéresse pas [...] Il y a tellement de choses auxquelles il faut obéir [interdits de chefferie] que tu te mets dans une sphère spirituelle très compliquée [...] Tu n'es pas sûr de pouvoir toujours respecter tout ça. Moi je le leur ai dit [...] Tu es toujours sous le joug de la répression spirituelle [...] Et puis, tu es suspicieux. Ça te rend la vie impossible* ». Enfin, Moussa concilie aussi et surtout l'aspiration révolutionnaire avec son attachement familial et son estime de la chefferie : « *L'école ne peut pas effacer un conditionnement psychologique en tant que prince* ». Conscient de cette contradiction, il l'assume pourtant et a de longs débats avec ses amis sur le sujet. Moussa appartient ainsi à différents univers culturels, qu'il développe tous fortement : chefferie, sankarisme, milieu associatif international, protestantisme... Il en souligne lui-même les contradictions. Il analyse les façons dont il cherche à concilier ces influences, qui toutes sont pour lui précieuses.

Hiérarchisation et mobilisation des savoirs : les conditions sociales de l'hybridation

Le fonctionnement d'une société hybride, répondant aux exigences des différents systèmes est bien mis en exergue par les profils que nous venons de voir : Ardjima formé aux savoirs coutumiers est bien intégré dans la société traditionnelle tout en s'ouvrant aux autres ; Jeanne possédant surtout des savoirs scolaires a trouvé sa place dans le système « moderne » développementiste ; Pierre qui n'avait que son corps pour héritage se débrouille tantôt au village, tantôt dans des institutions ; et Moussa à la formation scolaire et communautaire structurée évolue dans des milieux forts variés. Mais nous allons voir que la valorisation des savoirs locaux selon les trajectoires révèle une autre typologie : ceux qui ont bénéficié d'une éducation communautaire forte et les autres.

Valorisation des savoirs locaux : l'importance cruciale de la formation communautaire

Bien qu'ils en nuancent certains aspects, Ardjima et Moussa développent un discours valorisant les savoirs locaux. C'est le cas de toux ceux qui ont reçu une formation coutumière approfondie. Une cultivatrice analphabète d'une cinquantaine d'années, cuisinière à Tin Tua explique : « *Quand les Blancs n'étaient pas en Afrique, nous aussi on avait des connaissances qui parvenaient à faire leurs choses* ». Le manque de reconnaissance des savoirs locaux est critiqué : « *Le conseil des sages... s'il y a des problèmes dans le village, on va sortir des gens qui ont des malins vivants [de la bile, des intelligences vives], ceux qui ont beaucoup de connaissance : ils vont s'asseoir pour savoir comment il faut faire pour sortir du problème. Tu sais que ça aussi c'est de la connaissance ? Ce n'est pas une école, mais pour les Gourmantchés c'est une école. C'est ce que les Blancs [les instruits] ne connaissent pas : ils entendent ça comme ça, mais ils ne connaissent pas ça vraiment, car celui qui a pu s'asseoir [dans le cercle des sages] apprendre ça [cette forme de connaissance] puis rentrer dans les papiers n'existe pas* » (homme alphabétisé d'une trentaine d'années). Les savoirs locaux sont considérés comme plus profondément ancrés que les autres savoirs : « *On n'apprend pas, on n'oublie pas, on vit avec. Ce qui est écrit dans les livres par rapport à ce que tu vis là, c'est de la fiction* » (responsable d'ONG). Les savoirs traditionnels sont perçus comme plus complets que les savoirs d'instruction car associés à la sagesse : « *Tu peux voir quelqu'un qui connaît beaucoup de choses mais qui est bête. Je connais quelqu'un par exemple qui sait lire correctement, mais il est bête* » (père alphabétisé d'une trentaine d'années). Une vieille cultivatrice déclare également à ce sujet : « *La connaissance [d'instruction] peut éclairer, la connaissance peut égarer* ».

Jeanne et Pierre, qui ont été exclus de l'apprentissage communautaire pour des raisons familiales, développent un discours dévalorisant sur les savoirs locaux et les hiérarchisent négativement par rapport aux savoirs scolaires. C'est généralement le cas de ceux qui, sans formation communautaire, ont été à l'école publique. Une élève de troisième, de vingt-deux ans déclare : « *Nous n'avons pas les mêmes connaissances que les Blancs. Nous, nous n'avons même pas la moitié de leurs connaissances. C'est eux qui connaissent et qui ont partagé pour nous donner* ». Un jeune de niveau terminale ayant suivi l'école classique explique : « *Le sable [la géomancie] ou les contes : nous, quand on partait à l'école [classique], le maître ne nous parlait pas de ça. Donc, on ne croyait pas que c'était important* ». Mais les personnes qui n'ont pas eu une formation communautaire forte et qui ont suivi une école bilingue n'ont pas davantage tendance à valoriser les savoirs locaux. Ils insistent sur les résultats économiques de l'école, comme cet homme qui a fréquenté une école bilingue par Tin Tua, et est devenu formateur dans l'association : « *Si ce n'est pas Tin Tua, moi je devais être berger, car j'ai quitté ce gardiennage pour rentrer à Tin Tua. Ça m'a donné la lumière. Ça m'a donné une richesse en soi. Aujourd'hui, je suis sur une moto, j'ai une belle maison et dans ma démarche aussi, c'est bien. Je ne voyais pas que les bœufs que je gardais, je pouvais les vendre pour payer une moto. Donc, Tin Tua m'a fait rentrer dans la richesse. Encore, ça m'a appris et j'ai connu la démarche de la vie. Je pourrai marcher au milieu des gens avec un cœur dur. Ce que j'ai vu là-bas est énorme. Même dans la culture, car nous sommes toujours des cultivateurs, quand on a suivi Tin Tua, la manière donc nous allons cultiver dans nos champs, comparativement à ceux qui n'ont pas fréquenté, à la récolte, ça ne sera pas la même chose [...] Tin Tua veut que la différence ne soit pas seulement entre nous et nos parents, mais avec tous ceux qui n'ont pas fait l'école* ».

Les biographies et les entretiens montrent ainsi que la valorisation des savoirs locaux dépend davantage de la qualité de l'accès que la personne a eu à ces savoirs dans la sphère communautaire, qu'à la manière dont ces savoirs ont été traités et considérés par la suite, notamment à l'école. Une personne comme Moussa qui a reçu une éducation familiale et communautaire forte utilisera davantage les savoirs coutumiers (même si elle a été à l'école classique qui rejette souvent les savoirs locaux) qu'une autre personne en marge de sa famille qui a fréquenté une école bilingue ou un centre d'alphabétisation (pourtant plus favorables aux savoirs locaux tant dans leurs livrets que dans leurs pratiques). Cette observation récurrente que représente bien le cas de Moussa pose un véritable enjeu en terme de politiques vis-à-vis des modes de valorisation des savoirs locaux dans et hors système scolaire.

L'hybridation des savoirs par la conciliation

La valorisation différentielle que font les anciens élèves est également intimement liée aux conditions sociales de mobilisation des savoirs. Alors que certains savoirs scolaires et communautaires sont jugés antagonistes du point de vue de la pensée analytique, les apprenants peuvent faire une hiérarchisation (par exemple refuser une explication magique de la maladie au profit d'une explication microbienne), ou au contraire chercher à les concilier. Ce procédé de conciliation est fréquent pour diverses raisons. Tout d'abord, nous avons vu que les différents espaces d'instruction, en ne traitant pas explicitement des catégories coutumières locales, permettent leur conservation. Les anciens élèves ont ainsi à leur disposition – bien qu'ancrés de manière différentielle – deux systèmes cognitifs. Le système cognitif traditionnel, de type analogique, permet des conciliations que le système cognitif scolaire, de type analytique, n'autoriserait pas (par exemple : accepter que la maladie soit, de manière concomitante, due à un sort magique et à un microbe). Les deux systèmes cognitifs coexistant, les anciens élèves utiliseront les savoirs au gré de leurs utilités psychiques et sociales : en alternant, juxtaposant ou associant les savoirs.

Reprenons à ce sujet l'exemple de l'hygiène vu dans l'examen des livrets scolaires. La probabilité pour qu'une femme burkinabè de plus de 15 ans utilise du savon ou un autre nettoyant dans le ménage n'est que de 12 %. Les femmes qui ont reçu un niveau d'instruction primaire ne se démarquent pas beaucoup de cette moyenne : moins de 15 % d'entre elles utilisent du savon. Et les femmes ayant reçu un niveau d'instruction du supérieur ne sont que 23 % à le faire (Banque mondiale, 2010, p. 125). Une de causes suggérées par le texte de la Banque mondiale est la faible « efficacité » de l'école du fait de ses programmes scolaires (*idem*, p. 130). Le fait que les principes cognitifs coutumiers ne soient pas remis en question, et donc tacitement conservés à l'école, est l'une des explications de la permanence de mauvaises pratiques d'hygiène. Une autre cause souvent avancée par les développeurs, et les populations elles-mêmes, est le manque de moyens. Mais cette raison n'est pas forcément centrale. Tout d'abord parce les ménages pauvres (lorsqu'ils ne sont pas dans les franges d'extrême pauvreté) arrivent à mobiliser des ressources, y compris sous forme monétaire, pour de multiples occasions qu'elles soient exceptionnelles (baptême, mariage, funérailles, etc.) ou plus quotidiennes (vêtements par exemple). Ensuite, parce que l'on observe que des personnes instruites, de classe moyenne ou aisée, n'utilisent pas le savon. Par exemple, dans les fêtes de village où sont conviés les instituteurs, avant de manger avec la main droite, les gens se « lavent » les mains en les plongeant dans une calebasse d'eau sans savon qui circule dans l'assemblée. Les derniers utilisateurs ressortiront les mains de la calebasse peut être sans terre, mais chargée de tous les microorganismes laissés par leurs prédécesseurs. Les instituteurs pourraient refuser de tremper les mains dans la calebasse, mais cela créerait des tensions. Un enseignant de CBN2 explique à ce sujet : « *Dans une cérémonie, [...les non instruits] disent que se prendre pour un Blanc, ce n'est pas bon. C'est trop de confort ; c'est vouloir être ce que tu n'es pas* ». Comme la plupart du temps les instruits ne veulent pas se « distinguer » des villageois dont ils dépendent pour de multiples aspects de leur vie quotidienne dans cette zone isolée, ils vont tremper leurs mains dans la calebasse. Plus encore, ils n'utiliseront peut-être pas non plus de savon chez eux et si on les interroge à ce sujet, leur réponse sera évasive sur la réelle utilité du savon. Le savoir scolaire qu'ils détiennent et peuvent expliciter facilement dans un exposé magistral, sera ainsi immédiatement moins clair et plus nuancé quand il s'agit de son application pratique lorsqu'elle rentre en contradiction symbolique avec le milieu dans lequel ils vivent de fait. De la sorte, le savoir aura tendance à devenir syncrétique en associant savoirs locaux et scolaires.

La trajectoire de Moussa dont nous avons vu la forte éducation communautaire et scolaire et la variété des milieux sociaux d'appartenance est également révélatrice à ce sujet. Ses principes sankaristes de la révolution athée égalitariste et endogène ne sont pas facilement compatibles avec les autres valeurs qu'il affiche : l'idéologie réformiste des développeurs internationaux, la spiritualité de la religion protestante, la structure hiérarchique de la chefferie à laquelle il se sent toujours appartenir. Mais Moussa dit concilier ces influences car elles sont toutes pour lui nécessaires d'un point de vue psycho-social. Par exemple, à un moment clef de sa vie, Moussa décide de ne pas écouter les mises en garde de sa famille et a un enfant avec une fille considérée comme une sorcière au village. Mais bien qu'il en souffre, il ne l'épouse pas pour respecter les devoirs princiers (« *il ne faut pas que pour un individu, toute une lignée soit gâtée* » avait déclaré son père) et par affection pour sa mère dont il ne veut pas être coupé. Moussa explique : « *Moi, je n'ai pas le choix. Si je me marie avec elle, ils vont me rejeter, moi et l'enfant. Et s'il arrive quoi que ce soit, ils ne vont pas m'aider, ils vont me laisser. Enfin, dans le meilleur des cas, ils vont me laisser... Car sinon, ils peuvent aussi dire que c'est de ma faute et m'enfoncer. Pour l'intérêt même de l'enfant, il ne faut pas que je marie la fille. Parce que c'est la fille qu'ils rejettent, pas l'enfant. Ou alors, il faudrait que je parte loin, vivre ailleurs, mais ça, je ne le veux pas. Je ne peux pas me couper de toute la famille comme ça* ». Moussa ne croit pas à la sorcellerie, mais ne se coupe pas de son réseau social en respectant la croyance des autres. Par ailleurs, il ne réfute pas les principes de causalité magique et la capacité de certaines personnes à prévoir par exemple l'avenir en rêves.

Les savoirs sont également conciliés dans certaines pratiques : l'exemple le plus clair est l'usage de l'écriture ou des mathématiques scolaires au service de l'apprentissage des formules magiques traditionnelles. Une élève du collège qui a été dans un CBN2 explique : « *Pour ce qui est de notre "né-trouvé" [savoirs locaux], ce que je vois est que [l'école] aide. Car présentement, ce n'est pas tout ce que nos parents nous ont montré que l'on peut retenir. Mais l'intelligence de l'école a fait que si je vois que je vais oublier, je vais chercher un cahier pour écrire dedans. Quelle que soit la maladie, le médicament de la maladie, ou bien les choses qui arrivent [...] Si on te demande, il faut que tu sois capable de répondre. C'est pour cela que si mon papa me montre, je cherche un cahier pour écrire dedans. Si quelqu'un se lève demain et a besoin de ça, je lui montre* ». Un jeune homme de vingt-deux ans, élève en classe de seconde, pratique la géomancie coutumière : « *Le sable [la divination par le sable], déclare-t-il, c'est en quelque sorte des mathématiques. Celui qui a été à l'école apprend ça vite* ».

De la sorte, l'intégration sociale, intimement reliée à la parenté élargie, aux structures villageoises et aux réseaux de connaissance dans les institutions modernes, conduisent parfois à hiérarchiser les savoirs, mais plus souvent à les hybrider en les conciliant. Tous ceux qui le peuvent développent des stratégies de conciliation des savoirs scolaires et locaux qui les aident à créer et entretenir des réseaux multiples. Les apprenants jouent un rôle important dans le processus d'hybridation des savoirs à double titre. Tout d'abord en raison du processus d'apprentissage : les savoirs ne sont pas *a priori* vécus séparément par les individus. Dans le contexte d'une multiplication des types de formation, les lieux de leurs pratiques pédagogiques sont séparés, mais le processus d'apprentissage, lui, ne peut se suspendre ; il est vécu intimement par les personnes qui fréquentent ces différents lieux : « La séparation des espaces d'apprentissage, l'autonomisation de l'école sont immédiatement visibles, pour autant, il y a bien un procès d'apprentissage, continu et transversal » (Ramognino, 2004, p. 5). Les apprenants procèdent ainsi de fait à une hybridation des savoirs en portant les savoirs d'un milieu à l'autre, mais aussi en les intégrant eux-mêmes, en devenant des « Hommes pluriels » : « Un Homme pluriel, c'est un homme qui n'a pas toujours vécu à l'intérieur d'un seul et unique univers socialisateur, qui a donc traversé et fréquenté plus ou moins durablement des espaces (des matrices) de socialisation différents (et même parfois socialement vécus comme hautement contradictoires). [...] L'homme pluriel, c'est l'homme dont l'ensemble des pratiques est irréductible à "une formule génératrice" ou à "un principe générateur" » (Lahire, interview[5]).

En outre, si les apprenants concilient les savoirs, ils le font dans un processus dynamique influencé par des choix évolutifs. Même les classes populaires rurales ne reçoivent pas passivement les propositions éducatives. Elles ne bénéficient pas toujours des « codes » nécessaires à une réussite scolaire dans les écoles, mais elles possèdent d'autres codes et d'autres savoirs – des savoirs locaux – qui leur permettent parfois de

5. Site Internet : http://www.homme-moderne.org/societe/socio/blahire/entrevHP.html, consulté le 9 octobre 2012.

composer leurs choix scolaires et leurs parcours de vie avec une certaine marge de liberté. Malgré la précarité de leur situation, les élèves et les apprenants des zones rurales procèdent à des choix fondamentaux : « *Moi, j'aime le savoir du Blanc, mais je n'aime pas sa manière de vivre* ». Ces données indiquent des pistes qui pourraient être poursuivies par des études biographiques quantitatives et des observations systématiques par exemple en milieu professionnel. Les écrits institutionnels insistent essentiellement sur le fait que les acquis de la scolarisation permettent d'augmenter la productivité de l'individu au travail et les performances macroéconomiques du pays, en particulier la croissance (Banque mondiale, 2010, p. 138). On pourrait élargir la question en ne limitant pas le questionnement à la productivité, et en interrogeant les effets des savoirs scolaires, mais aussi des savoirs coutumiers dans les trajectoires professionnelles. Pour cela, des observations pourraient être réalisées sur le lieu de travail principal, complétées par des entretiens et des « tests » (qui ne concerneraient pas uniquement des savoirs scolaires, mais aussi des savoirs locaux sélectionnés) auprès d'un échantillon de personnes de niveaux d'instruction et de formation coutumière différents.

Ainsi la majorité des jeunes Burkinabè ne possèdent pas les connaissances scolaires minimales (lecture, écriture, calcul scolaire...), soit parce qu'ils n'ont pas été à l'école, soit – et c'est le cas le plus fréquent depuis que les taux de scolarisation ont augmenté – car leur acquisition a été particulièrement faible. Mais les différences sont grandes entre les individus en fonction de leurs origines socio-économiques : de l'illettrisme à des postes d'expertise bien placés. Inversement, la plupart des jeunes ruraux possèdent les rudiments de la connaissance communautaire et des savoirs locaux (modes de calcul oraux, capacité d'élocution multilingue, connaissances basiques en botanique, société et histoire locale ou régionale, etc.). Mais les inégalités sont également fortes en ce domaine, notamment en fonction du genre, ainsi que du statut du jeune et de sa famille : de l'ignorance des savoirs les plus nécessaires à la vie quotidienne (cuisiner ou cultiver dans un milieu difficile par exemple), à la maîtrise des savoirs les plus complexes (histoire et stratégies d'alliances pour la gouvernance ou maîtrise de pouvoirs mystiques). Le caractère doublement inégalitaire de l'acquisition des savoirs scolaires et locaux reflète et construit des trajectoires d'apprenants plus ou moins intégrés ou exclus des différents univers sociaux d'une société désormais hybridée. Les dispositifs d'instruction autorisant une permanence des catégories cognitives coutumières, les apprenants instruits disposent de différents types de savoirs. Les procédés de négation, rejet, valorisation, instrumentalisation, renforcement tacite utilisés par les enseignants sont alors en partie pratiqués par les anciens élèves. Dans les postures de négation, rejet ou valorisation, la qualité d'éducation communautaire reçue s'avère un paramètre plus déterminant encore que le type d'école fréquentée. Quant aux procédés qui mettent en jeu les rapports entre savoirs locaux et savoirs scolaires (instrumentalisation et renforcement tacite), ils prennent chez les apprenants davantage les formes d'alternance, de juxtaposition et de conciliation au gré de leurs besoins psychiques et sociaux. Les jeunes détiennent ainsi un savoir pluriel, différent des cultures scolaires et communautaires, issu d'une hybridation aussi inégalitaire que créatrice d'un autre rapport au monde.

Conclusion

Le récent regain d'intérêt des politiques internationales d'éducation pour les savoirs locaux s'insère dans une visée de pénétration des pays et des sociétés rurales plus en profondeur. Mais les élites nationales renégocient les politiques selon des optiques qui leur sont propres ; et sur le terrain, les enseignants, les familles et les apprenants ont des pratiques quotidiennes, des stratégies de scolarisation et des parcours de vie qui obéissent à des logiques différentes de celles souhaitées par les décideurs. Dans ce sens, malgré leur poids financier et géopolitique, les politiques internationales d'éducation ne peuvent s'imposer complètement y compris dans les pays les plus vulnérables comme les petits États ouest-africains : elles sont révisées et détournées de façon plus ou moins tacite à chaque étape de leur développement. Ce processus a été analysé de l'intérieur : à partir des savoirs transmis et en cherchant avant tout à comprendre les logiques des différents acteurs en présence.

Sur ce point, l'ouvrage montre que la question des savoirs ne peut faire l'économie d'une double analyse à la fois cognitive et sociale. Une approche (relevant traditionnellement plutôt de l'anthropologie culturelle) des logiques internes des savoirs n'est, en effet, pas incompatible avec une démarche (davantage considérée comme sociologique) de mise en exergue des rapports de force en présence autour de ces savoirs. Ainsi, l'analyse des jeux sociaux de rapports de force concerne la plupart des chapitres. Mais le texte consacre des moments spécifiques à l'étude des logiques internes des savoirs : les conceptions rurales de la personne, l'organisation de l'éducation communautaire et de ses savoirs, la structuration des contenus pédagogiques et les logiques d'hybridation des savoirs. Cette alternance permet de montrer comment la structuration des savoirs peut être à la fois un reflet et un moteur des rapports de force sociaux sans être réductible à ces derniers. Nous avons cherché à rappeler par exemple que le système de pensée des savoirs locaux n'est pas entièrement défini par les rapports de domination avec le système de pensée occidental, même si ces rapports constituent l'un des paramètres importants de son évolution historique.

Nous avons également choisi de ne pas occulter « les marges » des systèmes ; et même d'en faire des lieux privilégiés d'analyse. Ont été ainsi étudiés des dispositifs marginaux dans le système scolaire en place, d'une part ; et une zone marginale dans la société burkinabè, d'autre part. Pour le premier point, le fait de ne pas examiner uniquement l'école classique (quantitativement majoritaire) mais aussi les écoles bilingues et les dispositifs non formels a permis de montrer les expérimentations que mènent des acteurs tantôt marginaux, tantôt puissants. Non seulement ces expérimentations (leur rythme, leur diversité) représentent une véritable caractéristique des pays ouest-africains à l'heure des politiques de lutte contre la pauvreté, mais elles révèlent aussi plus crûment les projets de société de certains acteurs (qui peuvent davantage les exprimer dans des dispositifs souples) et donnent de bonnes indications sur les futures trajectoires possibles du système éducatif et social. Le second point concerne l'analyse d'une société marginalisée, comme celle des Gourmantchés au Burkina Faso. Aujourd'hui, les auteurs analysent souvent les transformations sociales là où elles se voient le plus : en ville, dans des zones de forte scolarisation et de fortes migrations. Travailler dans une zone rurale isolée a permis de montrer les processus d'intégration de savoirs nouveaux alors qu'ils rencontrent encore une forte réflexion locale, ce qui permet de mettre en lumière certains mécanismes, occultés ailleurs. De plus, révéler combien des zones isolées de ce type peuvent être traversées d'influences multiples et exogènes montre, *a fortiori*, que ces changements se réalisent dans d'autres espaces. Les phénomènes ainsi examinés donnent des indications sur les processus d'hybridation que l'on retrouve aujourd'hui presque partout, bien que sous différentes formes et de façons plus ou moins intenses selon l'influence de l'accélération actuelle des échanges.

Cette variété des échelles d'analyse et des approches utilisées est d'ordinaire peu exploitée. Cette option a permis ici de rappeler que, lorsque l'on s'intéresse aux questions d'hybridation, il est indispensable de prendre le risque de sortir des schémas existants. L'hybridation des savoirs éducatifs dans un pays qui vit sous de multiples influences ne peut qu'appeler à un examen pluridisciplinaire selon différentes échelles temporelles et spatiales. Une étude plus fine des personnages clés à des époques charnières peut alors être menée pour préciser les modes d'élaboration de telle ou telle norme.

Acteurs émergents de l'éducation et *policy network*

Nous avons vu que le poids de décision en matière éducative en Afrique de l'Ouest est passé, en deux siècles, des royaumes aux métropoles, puis difficilement aux États, et enfin à un ensemble d'acteurs sous l'égide de politiques publiques internationales (*international policies*) au sein des organisations internationales (Petiteville, Smith, 2006). Les nouvelles politiques internationales de « lutte contre la pauvreté » qui ont succédé aux plans d'ajustements structurels sur le continent africain ont légitimé un triptyque partenarial entre l'État, les bailleurs de fonds et la « société civile » (entité floue incluant ONG, maisons d'éditions transnationales, syndicats enseignants, etc.). Mais ce triptyque est factice notamment car les trois entités sont poreuses (Chauveau *et al.*, 2001 ; Lewandowski, Niane, 2013) du fait de la circulation de leurs élites respectives, de cumuls d'activités, de transits de financements d'une sphère à l'autre, de constitutions d'espaces mixtes, etc. Nous avons vu par exemple que les financements d'Aide publique au développement APD du nord pouvaient transiter par des États africains pour revenir en partie à des multinationales françaises : c'est le cas pour Hachette International qui possède l'essentiel du marché de l'édition scolaire africaine de langue française. Au sein du triptyque partenarial, les personnes les mieux placées sont celles qui occupent des positions d'interface car elles parviennent à mobiliser des réseaux, des logiques et des normes dans ces différents espaces. Elles maîtrisent souvent les logiques des bailleurs de fonds (notamment approches économiques et gestionnaires, logiques géopolitiques et cartographie d'intérêts particuliers), les logiques étatiques (appareil bureaucratique, cartographie électorale, réseaux d'influences, etc.) et les discours de la dite « société civile » (dans la complexité de ses intérêts lucratifs et non lucratifs, de ses forces sociales d'imposition ou d'opposition, de connaissance des populations, etc.). Nous avons vu à ce sujet, l'exemple des cadres d'ONG. Ces derniers fondent leur légitimité sur la connaissance des populations rurales, majoritaires et défavorisées, qu'ils se proposent de représenter auprès des États et des bailleurs. Inversement, ils font le relais, auprès des populations rurales, des positions des bailleurs en tant qu'opérateurs de terrain de leurs politiques (gestionnaires de dispositifs éducatifs et maisons d'édition scolaire). Mais ils ne servent pas uniquement d'instances intermédiaires entre élites et populations locales ; ils pénètrent également dans les sphères de décision. Non seulement l'État peine à contrôler leurs actions, mais il devient aussi parfois leur obligé au regard des finances et des compétences qu'ils parviennent à mobiliser ; et ils entretiennent des relations privilégiées avec les organisations internationales et multilatérales. Les ONG deviennent ainsi des acteurs émergents des systèmes scolaires, à la fois comme opérateurs de terrain (secteur non formel et formel), et comme co-constructeurs des politiques éducatives décennales. Ils font désormais partie du groupe restreint et aux contours incertains de personnes qui déterminent les options éducatives prises en Afrique de l'Ouest[1]. Ils forment un *policy*

1. Le rôle d'experts issus d'autres milieux que les ONG (consultants, chercheurs, etc.) est également majeur dans les prises de décision (Lewandowski, *à paraître*).

network (Thatcher, 2010) dans le sens où ils construisent les politiques publiques entre l'État et les groupes d'intérêt (voir figure ci-dessous). Cette figure a déjà été publiée sous une forme différente et simplifiée (Lewandowski, Niane, 2013). Elle reprend et critique le triptyque officiel des OI (Cling, Razafindrakoto, Roubaud, 2002) en soulignant le caractère composite de la « société civile » (Haubert, 2000) et la porosité des entités (Lewandowski, 2011a). Nous avons distingué ici les bailleurs de fonds multilatéraux et les systèmes de coopération bilatéraux – au sens large du terme – car ces derniers font également entrer en jeu la « société civile » de l'État donateur. Le schéma souligne la déconnexion entre le *policy network* et les populations : le manque de prise en compte véritable de la demande éducative des familles et la fréquente instrumentalisation des savoirs locaux qu'elles détiennent au profit de normes transnationales.

Ces interpénétrations de l'État, des bailleurs de fonds et de la société civile constituent un petit groupe aux modes de prises de décision relativement opaques. Elles rendent caduques les distinctions public-privé, mais aussi les échelles étatique, supra-étatique et infra-étatique au profil d'une nouvelle catégorie d'acteurs. Ces derniers sont désormais transnationaux car leurs trajectoires (formation, profession, résidence, famille, réseaux, mobilité) se tracent de plus en plus hors de leur pays d'origine ou en lien avec l'étranger. Ils construisent de nouvelles normes globales : « Les acteurs participant à la construction des matrices cognitives globales se réfèrent de moins en moins à un statut étatique : réseaux d'entreprises et financiers, institutions internationales comme la Banque mondiale, le FMI ou l'OMC, réseaux de la "société civile" (églises, ONG), réseaux scientifiques : les forums de production des idées globales sont désormais transnationaux » (Muller, 2009, p. 66). Ces normes transnationales restent éloignées des valeurs et des systèmes de pensée des populations rurales.

Figure 3

***Policy network* éducative en Afrique de l'Ouest et usages des savoirs locaux**

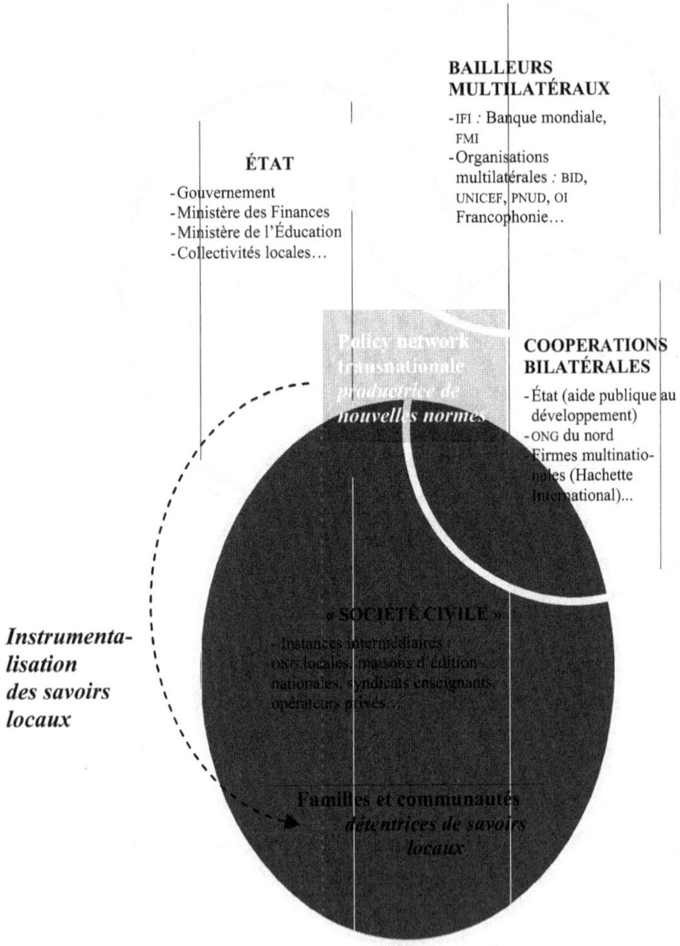

Source : élaboration de l'auteur.

La valorisation des savoirs locaux au service d'une logique économique

La question des savoirs locaux et des langues nationales représente un enjeu politique majeur car elle est reliée au problème du statut des personnes détentrices de ces savoirs. Les métropoles sont passées d'une oscillation entre logique de « ségrégation » et « d'assimilation » (avant 1903) à une approche en terme « d'association » (subordination) des peuples, de leurs cultures et de leurs savoirs. Après les Indépendances, la dichotomie entre colons et colonisés se déplace vers la scission entre élites et populations démunies (souvent rurales). L'usage des savoirs locaux s'inscrit alors dans la rhétorique de l'adaptation des curricula aux populations pauvres. L'éducation et la formation passent par plusieurs stades : elles se sont voulues fonctionnelles (dans les années 1960), émancipatrices (dans les années 1970), puis pourvoyeuses de compétences (à partir des années 1990). Les États, qui ont échoué au retournement ontologique espéré après les Indépendances, ont été réduits à une fonction minimale à l'époque des politiques d'ajustement structurel des années 1980, puis repositionnés, à partir des politiques de lutte contre la pauvreté, dans le rôle de chef d'orchestre d'une pluralité d'acteurs éducatifs. Ces acteurs, dont nous avons vu la constitution en réseau, tendent à dépolitiser et à désocialiser la question de l'usage des savoirs locaux et des langues nationales. Les institutions financières internationales présentent l'usage des savoirs locaux comme utile à de meilleures acquisitions scolaires en vue de la « lutte contre la pauvreté » et de la croissance. Les ONG prônent l'usage des savoirs et des langues nationales pour augmenter la réussite scolaire et faire des apprenants de bons « agents de développement ». Les États développent des discours qui oscillent entre les logiques des autres acteurs et leurs intérêts propres. L'ensemble des discours de ces décideurs est fort différent de la logique coutumière rurale qui guide la demande, ainsi que les stratégies éducatives et cognitives des familles. Les divergences se situent en termes de projets de société, de conceptions de la connaissance et de rôles assignés à l'éducation et à la formation. Les sociétés rurales animistes comme la société gourmantchée, fondées sur une intégration multidimensionnelle (économique, sociale, politique, culturelle, magique), assignent à l'éducation la fonction d'intégration de la personne à une communauté aussi inégalitaire (hiérarchique) que structurée. Elles présentent un rapport au savoir multidimensionnel, à l'instar du conte dont les messages peuvent être concrets (techniques, narratifs), sociaux et ésotériques tout à la fois ; et varier d'une situation d'interlocution à l'autre. Les aspects magiques des savoirs reflètent l'absence de sécularisation de la société, et représentent un appel à un mode de réflexion analogique. Le tableau ci-dessous souligne la scission entre ces approches et celle du *policy network* éducatif.

Le tableau ne présente pas l'intégralité des acteurs éducatifs, mais quelques sphères significatives. Il ne vise pas à montrer l'hétérogénéité propre à chaque sphère, mais à mettre en exergue des discours dominants. Par exemple, l'approche de l'UNESCO vis-à-vis des savoirs locaux est différente de celle de la Banque mondiale (voir chapitre 2). Il existe de grandes variations entre les ONG de développement, de droits de l'homme, d'écologie et de lobbying politique qui interviennent sur l'éducation et les savoirs locaux. L'hétérogénéité est également forte entre les États et au sein d'un même État entre les différentes époques, institutions et personnages clefs. Les communautés rurales (hiérarchiques et souvent conflictuelles comme le terme de communauté semble l'occulter parfois) sont aussi très différentes les unes des autres : par exemple, le modèle des sociétés rurales animistes décrit ici est différent de celui d'une société rurale musulmane syncrétique et confrérique. De la même manière, à l'intérieur d'une même communauté, les logiques sont variées entre les familles, et même au sein d'une même famille.

Mais ces exemples, bien que non exhaustifs, montrent que les acteurs du *policy network*, au-delà d'intérêts matériels divergents, présentent des objectifs et des schémas logiques

Figure 4

Acteurs éducatifs en Afrique : une variété d'objectifs et de schémas logiques

Conceptions / Institutions		Société			Connaissance			Éducation et formation		
		Objectif global	**Unité**	**Principal levier de transformation**	**Logique cognitive**	**Conception du savoir**	**Usage des savoirs locaux**	**Profil de l'apprenant**	**Type de pédagogie**	**Diffusion des savoirs**
Interpénétration / policy network	IFI	croissance	individu	échanges économiques	Analytique	savoir capital	Utile à un meilleur développement économique (consensus)	ressource humaine performante	(Principalement individuelle) : disciplinaire, ou pédagogie par objectifs, ou approche par les compétences, etc.	*Officiellement* : égalité de droit à l'éducation *En pratique* : inégalités socio-économiques et culturelles d'accès
	ONGs	développement	groupes de société civile (solidarité contractuelle)	évolutions socio-économiques		savoir outil		agent de développement		
	États	oscillation entre : croissance, développement, souveraineté et intégration nationale, système de prédation de ressources	oscillation entre : citoyen, nation, groupes socioculturels et réseaux	oscillation entre : dynamiques économiques, sociales, politiques et réseaux		oscillation entre : savoir capital, savoir outil, savoir émancipateur et savoir minimal (maintien des masses)		oscillation entre : citoyen, agent économique et votant docile		
Communautés rurales		intégration hiérarchisée	famille élargie (solidarité obligatoire)	relations sociales et religio-magiques	Analogique	Savoir sagesse multi-dimensionnelle	Nécessaire à une intégration multi-dimensionnelle	personne traversée par des forces équilibrées selon son statut	(Principalement collective) : imitation, imprégnation, répétition, action, investigation créative, jeux linguistiques, etc.	Inégalité officielle d'accès selon le statut hiérarchique

Source : élaboration de l'auteur.

différents. Ils ne forment pas une communauté épistémique à proprement parler (Bossy et Evrard, 2010). Mais ils s'accordent sur certaines politiques comme par exemple le développement d'une scolarisation prenant officiellement en compte les savoirs locaux. Cet apparent consensus, érigé en norme, présente deux caractéristiques importantes. La première est qu'il est influencé par le poids du paradigme du marché : sur le thème qui nous intéresse, il s'agit la plupart du temps de promouvoir les savoirs locaux au service d'un meilleur développement économique, pour « être compétitifs ». Les savoirs locaux doivent être pris en compte moins pour valoriser un système de société et de connaissance, que pour que l'école soit « adaptée » et que le pays présente de bonnes performances scolaires et économiques.

La seconde caractéristique de cet apparent consensus, c'est qu'il représente un compromis (dans certains cas uniquement rhétorique) entre adhésion à la *doxa* dominante du marché et sauvegarde de positionnements (compromis politiques et sociaux des États, aire d'influence et engagements des ONG, lobby des syndicats d'enseignants, rôle *ad hoc* de tel ou tel chef coutumier, etc.). Les normes et les politiques sont ainsi renégociées et transformées par les décideurs nationaux et locaux selon des modalités qui ne sont pas toujours prévisibles « ex-ante ». Les renégociations observées dans tous les continents (Delpeuch, 2008 ; Russeil, 2010) prennent rarement en Afrique la forme d'une contestation frontale, mais plutôt celle d'adhésions fictives et d'évitement (Lewandowski, Niane, 2003). Par exemple, rares sont les États africains qui se positionnent en défaveur de l'usage des langues nationales à l'école, mais leur développement reste à ses balbutiements en milieu francophone car il requiert – dans l'optique d'un bilinguisme véritable additif dans la société –, des défis sociolinguistiques et géostratégiques que les États ne maîtrisent pas et qu'ils préfèrent ne pas affronter.

Cette conjonction de normes transnationales et de contraintes nationales ne favorise pas le choix d'options claires. Les États africains oscillent souvent entre différentes stratégies dont aucune ne semble véritablement satisfaire les trajectoires africaines contemporaines. Par exemple, en matière curriculaire, « Les sociétés préindustrielles se sont fondées sur la transmission, d'une génération à l'autre, des connaissances ou des héritages. Les sociétés industrielles ont fait naître la pédagogie par objectifs pour répondre aux impératifs de fonctionnalité du savoir et d'exécution de tâches. Les sociétés postindustrielles proposent aujourd'hui l'approche par les compétences à partir d'une représentation du savoir comme force de production et d'innovation, à la base même d'un développement compétitif. Sur ce plan, à quel niveau se situe l'Afrique ? À tous les niveaux sans doute simultanément, ce que les marxistes appelaient la juxtaposition des modes de production : par bien des aspects, les pays se trouvent à un niveau préindustriel, tout en étant orienté vers l'industriel et confrontés à une mondialisation qui les submerge et leur impose des problématiques postindustielles. Comment dans ces conditions savoir où l'on se situe ? Comment inventer une contextualisation des connaissances qui s'accommode des trois approches pédagogiques, elles aussi simultanément présentes dans les pratiques en classe : une transmission des connaissances, une pédagogie par objectifs, une construction des compétences ? Au regard du contexte africain, cette alchimie n'a pas encore été trouvée » (Ndoye, 2010, p. 56-57). Aux prises avec ces hésitations curriculaires et ces défis scolaires face à une forte démographie, les acteurs du *policy network* éducatif soutiennent le développement d'une grande variété de dispositifs : mais ils constituent de la sorte un système inégalitaire d'instruction et un traitement différentiel des savoirs locaux. Face à cette offre multiforme et insatisfaisante, les familles développent des stratégies éducatives et cognitives complexes qui constituent une autre étape de détournement des politiques.

Hybridation des savoirs et création d'une culture plurielle

La diversification du champ scolaire (développement des écoles privées, des dispositifs bilingues et des espaces d'instruction non formels), opérée sous influence transnationale et réalisée par une myriade d'acteurs (opérateurs privés, ONG, services étatiques...) propose une relecture des savoirs locaux et de la culture nationale. Sans expliciter une réflexion sur le statut épistémologique des différents savoirs locaux, les acteurs (politiciens, producteurs de livrets scolaires, enseignants, etc.) effectuent une série de refus, d'acceptations ou de réformes des coutumes et des savoirs locaux. Ils procèdent ainsi de fait à des hybridations implicites entre savoirs locaux et savoirs scolaires. Cette hybridation est concrètement réalisée au travers de diverses manières de traiter les savoirs locaux au regard des savoirs scolaires : aux procédés utilisés par les décideurs et les opérateurs d'éducation (ignorance, rejet, reconnaissance, valorisation, instrumentalisation), s'ajoutent les procédés d'identification et de renforcement, davantage utilisés par les enseignants et ceux de conciliation souvent pratiqués par les apprenants (voir figure 2). L'hybridation qui résulte de ces procédés induit la plupart du temps une hiérarchie en défaveur des savoirs locaux, au niveau des décideurs et opérateurs (ignorance, rejet, instrumentalisation), mais peut aussi être parfois faiblement hiérarchisée dans les pratiques des enseignants et des apprenants (renforcement tacite, conciliation). Les procédés neutres ou en faveur des savoirs locaux sont ceux qui mettent le plus en action leurs catégories cognitives.

L'ouvrage a choisi de mettre l'accent sur ces procédés à deux moments clés : la transmission des savoirs locaux en classe et leur mobilisation par les anciens élèves dans leur vie quotidienne. Au niveau des classes, les usages des savoirs locaux à l'école dépendent de la pédagogie. Cette dernière est plus ou moins active selon les dispositifs (programmes, manuels,

Figure 5
Traitements des savoirs locaux par les acteurs éducatifs et hybridation des savoirs

<table>
<tr><th colspan="3" rowspan="2">Principaux acteurs</th><th rowspan="2">Traitement des savoirs locaux</th><th colspan="2">Hybridation</th></tr>
<tr><th>Hiérar-chisation des savoirs</th><th>Usage des catégories cognitives locales</th></tr>
<tr><td rowspan="4">Décideurs et opérateurs</td><td rowspan="5">Enseignants (alphabétisation, écoles bilingues, écoles publiques)</td><td rowspan="6">Apprenants</td><td>Ignorance</td><td rowspan="4">Hiérarchi-sation plus ou moins en défaveur des savoirs locaux</td><td rowspan="3">inexistant ou faible</td></tr>
<tr><td>Rejet</td></tr>
<tr><td>Instrumentalisation</td></tr>
<tr><td>Valorisation</td><td rowspan="3">existant</td></tr>
<tr><td>Renforcement tacite</td><td rowspan="2">Peu de hiérarchi-sation</td></tr>
<tr><td>Conciliation</td></tr>
</table>

Source : élaboration de l'auteur.

organisation de l'école, nombre d'enfants, etc.), mais aussi, quel que soit le dispositif, en fonction de l'enseignant : niveau et type de formation initiale ou continue, trajectoire sociale, insertion au village, et motivation pour éviter violence physique et symbolique. Globalement, les écoles mises en place par l'État portent toujours les stigmates de l'époque coloniale : elles sont parfois rejetées par les populations isolées et leurs enseignants entretiennent des relations d'indifférence ou de peur avec les villageois. Les savoirs locaux y sont ignorés, dénigrés ou instrumentalisés au profit du savoir scolaire. Les écoles bilingues d'ONG sont mieux intégrées au village tout comme leurs enseignants. Les savoirs locaux y sont parfois valorisés, mais ils sont souvent instrumentalisés au profit de la construction d'une culture développementiste. Quant aux centres d'alphabétisation, ils sont insérés dans les villages, les enseignants ont des relations de parenté avec leurs élèves. Les savoirs locaux y sont parfois diffusés sans recul critique : ils sont ainsi tacitement renforcés.

Dans l'ensemble de ces dispositifs, l'instrumentalisation repose sur la déconnection des savoirs locaux pratiques (comme les savoirs botaniques, les structures narratives des contes, les systèmes traditionnels de calculs décimaux et quinquennaux, etc.), de leurs catégories cognitives locales (comme la causalité surnaturelle, par exemple). Les savoirs locaux pratiques déconnectés de leurs catégories cognitives originelles sont souvent évoqués. Ils sont instrumentalisés au service de savoirs et de normes différents : scolaires dans les écoles publiques et développementistes dans les écoles bilingues d'ONG. Quant aux catégories cognitives coutumières, elles ne sont jamais débattues explicitement dans les espaces d'instruction : elles ne sont donc pas réformées et peuvent ainsi être tacitement conservées par les apprenants.

Les anciens élèves disposent ainsi de plusieurs types de catégories cognitives. Ils optent souvent pour une conciliation des ontologies et des savoirs pratiques. Cette conciliation correspond à un processus d'apprentissage continu de l'apprenant qui passe d'une sphère éducative à l'autre et répond à une logique de cohérence psychique. Mais elle est également opérée au gré des besoins sociaux des anciens élèves. Le métissage des savoirs leur permet de s'insérer dans différents milieux d'une société qui s'est elle-même hybridée. Les apprenants ont des parcours composites, marqués par une double inégalité dans l'acquisition des savoirs, scolaires et communautaires, qui reflètent et induisent des intégrations ou des exclusions dans les différents univers socioculturels coexistants. Les savoirs locaux sont, au même titre que les savoirs scolaires, des ressources rares auxquelles l'accès est inégal. Un jeune accède à des savoirs communautaires différents selon son statut (sexe, rang de naissance, rang de co-épouse de sa mère, etc.) et la caste de sa famille (permanence atténuée chez les Gourmantchés). Il a également plus ou moins de chance d'acquérir des savoirs scolaires selon son héritage économique, social et culturel dans la sphère non coutumière. Le temps et le type de formation reçue dans ces deux univers éducatifs influencent beaucoup la mobilisation et l'hybridation des savoirs. En particulier, la qualité de l'éducation communautaire reçue s'avère plus décisive, pour l'usage effectif et la valorisation des savoirs locaux, que le type d'école fréquentée. Une personne qui a réalisé tout son cursus scolaire dans une école publique classique avec des enseignants dénigrant les savoirs locaux, continuera à utiliser davantage ces savoirs si elle y a été bien formée par ailleurs dans la sphère familiale et communautaire, qu'un ancien élève d'école bilingue qui a été peu inséré par ailleurs dans la formation communautaire. Ce constat interroge les politiques de valorisation des savoirs locaux dans et hors de l'école.

Qu'il s'agisse d'hybridations mises en œuvre par les décideurs, les opérateurs, les enseignants ou les anciens élèves, les distinctions entre savoirs pratiques et catégories cognitives ainsi que l'hétérogénéité des acteurs sociaux porteurs de ces hybridations fondent un processus créateur d'une culture nouvelle : « Apparemment l'usage [du terme d'acculturation] se fonde sur une croyance plutôt naïve selon laquelle l'une des sociétés amenées ainsi en contact abandonne complètement sa première culture et accepte totalement celle de l'autre. [Certes] lorsque des groupes conquérants s'installent parmi des vaincus, le type de contact qui mène à l'acculturation se trouve considérablement favorisé, [mais le] type de culture hybride [qui en résulte] présente en général l'aspect d'un mélange chimique plutôt que mécanique, et possède, en plus des éléments tirés des deux cultures-mères, des caractéristiques étrangères à chacune d'elles » (Linton, 1936, p. 366).

Certains auteurs considèrent (et déplorent) que les savoirs « modernes » et les savoirs locaux ne s'alimentent pas mutuellement mais, dans le meilleur des cas, coexistent dans une simple juxtaposition. En réalité, ces savoirs coexistent, se complètent et participent aux réflexions et aux actions des personnes au quotidien dans une culture plurielle. Le problème réside surtout dans le fait que ces échanges et ces valorisations réciproques ne sont pas souvent réalisés consciemment et surtout que la possibilité de tenir un discours collectif à ce sujet est régulièrement confisquée. Pendant longtemps, le système colonial et les écoles classiques ont interdit de penser les savoirs locaux comme de véritables savoirs. Dans les années 1970 et 1980, le métissage des savoirs et des cultures a été porté par une réflexion nationale. Aujourd'hui, le sujet est récupéré par les grandes organisations internationales, des ONG et des institutions privées. Ces acteurs s'autorisent aujourd'hui à repenser et surtout à réutiliser les savoirs locaux. Dans le domaine scolaire examiné, l'usage des savoirs locaux ne participe pas pour le moment à un processus de spoliation, mais plutôt à une réécriture, par une minorité d'experts, de la culture locale, au profit de la construction d'un nouveau modèle social. Les élites transnationales jouent un rôle majeur, tantôt dans l'ignorance et le mépris de classe qui entoure les savoirs locaux, tantôt dans le processus de leur instrumentalisation. Les sélections des savoirs locaux jugés aptes à la transmission scolaire sont menées sans critères explicites et ne sont pas débattues. Elles sont laissées au gré des ressources disponibles (accès aux savoirs locaux par voie orale ou écrite) et de l'appréciation de certains acteurs (maisons d'édition, auteurs chargés de rédiger les manuels, etc.). Le tri des savoirs, leur transmission dans l'enseignement et leur mobilisation dans les parcours de vie constituent autant d'étapes de transformation et d'hybridation de ces savoirs. Dans ce processus, les différents savoirs (locaux et scolaires) sont détachés de leurs épistémès respectives, ce qui contribue à la construction d'une culture plurielle, conjonction de façons de penser différentes et de faisceaux d'intérêts divergents. L'éclatement du dispositif scolaire dans des offres multiples, concernant les enfants comme les jeunes et les adultes et utilisant des définitions variées des savoirs légitimes à acquérir, contribue à forger des parcours de formation de plus en plus hétérogènes. À l'instar du jeune lycéen qui utilise les mathématiques scolaires pour améliorer sa pratique de divination géomantique, les apprenants peuvent jouer aujourd'hui de ces possibilités de parcours diversifiés, avec des logiques d'action différentes, pour élaborer les bases d'un savoir pluriel qui concilie des éléments en apparences contradictoires. L'hybridation peut s'effectuer en faveur des savoirs locaux (notamment chez les apprenants), mais, bien souvent, elle se réalise à l'inverse (en particulier chez les acteurs dominants). Ce qui ne signifie pas la disparition des savoirs locaux, mais une subordination aux modalités renouvelées. Depuis qu'une nouvelle élite transnationale s'est emparée de la question des savoirs locaux au sein de programmes mondiaux d'éducation et de formation, leur traitement est accéléré et généralisé sans pour autant s'uniformiser. Les usages actuels des savoirs locaux reposent la question de l'intérêt d'un pluralisme épistémologique au cœur d'enjeux sociaux, économiques et géopolitiques.

Bibliographie

ADEA, 2003, « Groupe de travail sur l'éducation non formelle. Étude de cas nationale Burkina Faso », *Biennale de l'ADEA*, Maurice, Grand Baie, 3-6 décembre, 35 p.

ADOTEVI Stanislas, 1972, *Négritudes et négrologues*, Paris, Plon.

AGRAWAL Arun, 1995a, « Dismantling the Divide between Indigenous and Scientific knowledge », in *Development and Change*, 26, p. 413-439.

—— 1995b, « Indigenous and Scientific Knowledge: Some Critical Comments », in *Indigenous Knowledge and Development monitor*, 3 (3) : http://www.nuffic.nl/ciran/ikdm/3-3/articles/agrawal.html, consulté le 20 mai 2006.

—— 2002, « Classification des savoirs autochtones : la dimension politique », *in* AGRAWAL A. (éd.), « Les savoirs autochtones », *Revue internationale des sciences sociales*, septembre, n° 173, p. 325-337.

ALTINOK Nadir, 2005, « La Banque mondiale et l'éducation en Afrique subsaharienne. Analyse normative du meilleur système normatif », présentation au séminaire Institutions et développement, UMR Matisse Paris I-CNRS, 13 mai, Paris, 27 p. Site Internet : matisse.univ-paris1.fr/fr/IMG/pdf/ALTINOK_MatisseV2.pdf (page consultée le 5 avril 2011).

—— 2006, « Capital humain et croissance : l'apport des enquêtes internationales sur les acquis des élèves », *Économie publique - Public Economics*, 18-19 (2006/1-2), p. 177-209.

ALTINOK Nadir, LAKHAL, 2007, *La place de l'État en Afrique selon la Banque mondiale : de l'ajustement structurel à l'ajustement social. Les limites d'une politique néolibérale « amendée »*, Working Paper IREDU DT/2007/3, 16 p.

AMSELLE Jean-Loup, 1990, *Logiques métisses, anthropologie de l'identité en Afrique et ailleurs*, Paris, Payot, 251 p.

——— 2001, *Branchements. Anthropologie de l'universalité des cultures*, Flammarion, Paris, 265 p.

——— 2008, *L'Occident décroché, enquête sur les postcolonialismes*, Paris, Stock, coll. « Un ordre d'idées », 320 p.

APPADURAI Arjun, 2001, *Après le colonialisme. Les conséquences culturelles de la globalisation*, Paris, Payot, 322 p.

ATLANI-DUAULT Laëtitia, VIDAL Laurent (éd.), 2009, *Anthropologie de l'aide humanitaire et du développement : des pratiques aux savoirs, des savoirs aux pratiques*, Paris, Armand Colin, 311 p.

ATT, 1997, *Pali nni maama*, Fada N'Gourma, Tin Tua, 72 p.

——— 2003a, *Mi gulimencema cogu tilieli (Livret de lecture 2e année en gulimencema)*, Fada N'Gourma, PAG, 64 p.

——— 2003b, *U cogu ŋoadima tili. Livre d'andragogie en gulimencema*, Fada N'Gourma, PAGT, 48 p.

AZAM Geneviève, 2007, « La connaissance, une marchandise fictive », *Revue du MAUSS* 1/2007 (n° 29), p. 110-126.

BADIE Bertrand, 1992, *L'État importé, essai sur l'occidentalisation de l'ordre politique*, Paris, Fayard, 334 p.

BADINI Amadé, 1994, *Naître et grandir chez les Mossé traditionnels*, Ouagadougou, SEPIA, ADDB, coll. « Découverte Burkina », 203 p.

BANQUE MONDIALE, 1998, *Connaissances autochtones pour le développement. Un cadre pour l'action*, novembre 1998, BM, Centre pour la Gestion de l'information et de la Connaissance, Région Afrique.

——— 1999, *Rapport sur le développement dans le monde*, Washington DC.

——— 2001, *Rapport sur le développement dans le monde 2000-2001, Combattre la pauvreté*, Paris, Éditions Eska.

——— 2004, *Les connaissances autochtones. Des approches locales pour un développement global, À l'occasion du quinquennat du programme Savoirs locaux au service du développement de la Banque mondiale*, Ouagadougou, 307 p.

——— 2010, *Les défis du système éducatif burkinabè en appui à la croissance économique*, Documents de travail de la Banque mondiale n° 196 (Kamano P., Rakotomalala R., Bernard J.-M., Husson G., Reuge N.), World Bank Publications, 240 p.

BARRETEAU Daniel, 1998, *Système éducatif et multilinguisme au Burkina Faso : recueil d'articles*, Ouagadougou, ORSTOM.

BAUX Stéphanie, LEWANDOWSKI Sophie, 2009, « Quand les violences s'en mêlent : l'interaction des violences physiques et symboliques dans l'école burkinabé », *in* AZOH F.J., LANOUE E., TCHOMBE T. (eds), *Éducation, violences, conflits et perspectives de paix en Afrique Subsaharienne*, Paris, Karthala, p. 35-57.

BAYART Jean-François, 1981, « Le politique par le bas en Afrique noire. Questions de méthodes », in *Politique Africaine*, 1, p. 53-82.

——— 1999, « L'Afrique dans le monde : une histoire d'extraversion », in *Critique internationale*, 5, automne, p. 87-120.

BECKER Howard Samuel, 1952, « Social Class Variations in the Teacher-Pupil Relationship », *Journal of Educational Sociology*, 25, p. 451-465.

BEILLEROT Jacky, 1989, *Savoir et rapport au savoir. Élaborations théoriques et cliniques*, Paris, Éditions universitaires.

BERNARD Jean-Marc, NKENGNE NKENGNE Alain Patrick, ROBERT François, 2007, « Réformes des programmes scolaires et acquisitions á l'école primaire en Afrique : mythes et réalités », *Revue internationale de l'éducation*, n° 53, p. 555-575.

BERNSTEIN Basil, 1975, *Langage et classes sociales, codes socio-linguistiques et contrôle social*, Paris, Éditions de Minuit.

BIANCHINI Pascal, 2004, *École et politique en Afrique noire, Sociologie des crises et des réformes du système d'enseignement au Sénégal et au Burkina Faso (1960-2000)*, Paris, Karthala, 286 p.

BILBEAU Gilles, 2010, « L'empire du savoir. De la décolonisation intellectuelle dans un multi-monde », *Séminaire doctoral Université de Montréal*, 42 p.

BLUNDO Giorgio, LE MEUR Pierre-Yves, 2009, *The governance of daily life in Africa. Ethnographic explorations of collective and public services*, Leiden, Brill.

BOIRAL Pierre, LANTERI Jean-François, OLIVIER DE SARDAN Jean-Pierre, 1985, *Paysans, experts et chercheurs en Afrique noire. Sciences sociales et développement rural*, Paris, Karthala, 222 p.

BONINI Nathalie, 1996, *Éducation non scolaire et école primaire : les conséquences d'une rencontre. Une étude anthropologique de la transmission du savoir chez les Maasai de Tanzanie*, thèse de doctorat, Paris, EHESS.

BONNET Doris, 1988, *Le proverbe chez les Mossis du Yatenga*, Société d'études linguistiques et anthropologique de France, Paris, SELAF.

BOSSY Thilbaut, EVRARD Aurélien, 2010, « Communauté épistémique », *in* BOUSSAGUET L., JACQUOT S., RAVINET P., *Dictionnaire des politiques publiques*, Paris, Les presses de Science Po, p. 140-148.

BOUCHE Denise, 1975, *L'enseignement dans les territoires français de l'Afrique occidentale de 1917 à 1920. Mission civilisatrice ou formation d'une élite ?*, 2 tomes, Paris, Champion.

BOURDARIAS Françoise, 2004, « Réseaux transnationaux et dynamiques locales. Quelques usages de l'humanitaire à Bamako, Mali », Communication au colloque *Les sociétés de la mondialisation*, Nantes, Lestamp, 2-4 décembre.

BOURDIEU Pierre (dir.), 1993, *La misère du monde*, Libre examen, Paris, Seuil.

——— 1980, *Le Sens pratique*, Paris, Les Éditions de Minuit, coll. « Le sens commun », 475 p.

——— 1981a, « La représentation politique : éléments pour une théorie du champ politique », *Actes de la recherche en sciences sociales*, n° 36-37, février-mars, p. 3-24.

——— 1981b, « Décrire et prescrire : note sur les conditions de possibilité et les limites de l'efficacité politique », *Actes de la recherche en sciences sociales*, n° 38, mai, p. 69-74.

——— 1994, *Raisons pratiques. Sur la théorie de l'action*, Paris, Seuil.

BOURDIEU Pierre, BOLTÁNSKI Luc (éd.), 1976, « La production de l'idéologie dominante », *Actes de la recherche en sciences sociales*, juin, n° 2/3, 2e année.

BOURDIEU Pierre, PASSERON Jean-Claude, 1964, *Les héritiers, Les étudiants et la culture*, Paris, Éditions de Minuit.

——— 1970. *La reproduction, éléments pour une théorie du système d'enseignement*, Paris, Éditions de Minuit.

BOURDIEU Pierre, WACQUANT Loïc, 2000, « La nouvelle vulgate planétaire », *Le monde diplomatique*, mai, p. 6-7.

BOURDON Jean, 2007, « Jusqu'où peut-on comparer les apprentissages scolaires ? », *DT/IREDU 2007/7*, Site Internet : http://hal.archives-ouvertes.fr/halshs-00152763/

BURKINA FASO, 1986, *L'école révolutionnaire burkinabé*, Ouagadougou, 360 p.

CABANES Robert, 2002, *Travail, famille, mondialisation. Récits de la vie ouvrière, São Paulo, Brésil*, Paris, IRD, Karthala.

CALVET Louis-Jean, 1974, *Linguistique et colonialisme. Petit traité de glottophagie*, Payot, Paris, 248 p.

—— (coord.), 1991, *Langues et civilisations africaines. Arguments culturels pour le développement*, CCT, FIDELCA, 92 p.

CAMILLERI Carmel, 1985, *Anthropologie culturelle et éducation*, Lausanne, Unesco-Delachaux & Niestlé, 162 p.

CARNOY, 1999, *Mondialisation et réforme de l'éducation : ce que les planificateurs doivent savoir*, Paris, UNESCO, IIPE.

CARTON Michel, MEYER Jean-Baptiste (dir.), 2006, *La société des savoirs. Trompe-l'œil ou perspectives ?*, Paris, L'Harmattan, coll. « Travail et mondialisation », 323 p.

CARTRY Michel, 1963, « Note sur les signes graphiques du géomancien gourmantché », *Journal de la société des africanistes*, T. XXXIII, Fasc. II, p. 275-306.

—— 1973, « Le lien à la mère et la notion de personne chez les Gourmantché », in *La notion de personne en Afrique noire*, Colloques internationaux CNRS, n° 544, p. 255-282.

—— 1976, « Le statut de l'animal chez les Gourmantchés (Haute-Volta) : première partie », in *Systèmes de pensée en Afrique noire*, n° 2, p. 141-175.

—— 1978b, « Les yeux captifs », in *Systèmes de signes. Hommage à Germaine Dieterlen*, Tirage à part, Paris, Herman, p. 79-110.

—— 2005, « Une écriture divinatoire - Eine Orakelschrifft », *in* BAUR R., *La loi et ses conséquences visuelles - Das Gesetz und seine viuellen Folgen*, Wettingen, Lars Müller Publishers, p. 402-455.

—— 2009, « De la divination au sacrifice : la métaphore de l'attache », in *Architecturer l'invisible. Autels, ligatures, écritures*, Brepols, Turnhout.

CHANET Jean-François, 1996, *L'école républicaine et les petites patries*, Paris, Aubier, 426 p.

CHARLIER Jean-Émile, 2004, « Les écoles au Sénégal : de l'enseignement officiel au *daara*, les modèles et leurs répliques », in *Cahiers de la recherche sur l'éducation et les savoirs*, Paris, n° 3, p. 35-55.

CHARLOT Bernard, 1997, *Du Rapport au savoir. Éléments pour une théorie*, Paris, Anthropos, 112 p.

CHAUVEAU Jean-Pierre, LE PAPE Marc, OLIVIER DE SARDAN Jean-Pierre, 2001, « La pluralité des normes et leurs dynamiques en Afrique. Implications pour les politiques publiques », *in* WINTER G. (éd.), *Inégalités et politiques publiques en Afrique, Pluralité des normes et jeux d'acteurs*, Paris, Karthala-IRD, p. 145-163.

CHOMSKY Noam, PIAGET Jean, 1979, *Théories du langage. Théories de l'apprentissage. Le débat entre Jean Piaget et Noam Chomsky, organisé et recueilli par Massimo Piattelli-Palmarini*, Paris, Le Seuil, 532 p.

CIEP, 2009, *Étude sur les réformes curriculaires par l'approche par les compétences en Afrique, Rapport final*, version non éditée, 222 p.

CLEVENOT Michaël, DOUYERE David, 2008, « Pour une critique de l'économie de la connaissance comme vecteur de développement. Interaction entre les institutions, la connaissance et les IDE dans le développement », in *Colloque international « Économie de la connaissance et développement »*, XXIVe Journées du développement de l'Association Tiers-Monde, Organisé par l'Université Gaston Berger (Sénégal), le Bureau d'économie théorique et appliquée de l'Université Nancy2/CNRS, Saint Louis.

CLING Jean-Pierre, RAZAFINDRAKOTO Mireille, ROUBAUD François (éd.), 2002, *Les nouvelles stratégies internationales de lutte contre la pauvreté*, Paris, DIAL-IRD-Economica, p. 169-199.

COMPAORÉ Maxime, 1995b, « L'école au quotidien en Haute-Volta pendant la période coloniale », *in* MASSA G., MADIEGA G. Y. (dir.), *La Haute-Volta coloniale. Témoignages, recherches, regards*, Karthala, p. 361-377.

COOPÉRATION SUISSE, sans date, *Guide de causerie de l'animateur des centres d'alphabétisation, Version provisoire*, Programme alphabétisation formation (PAF), non édité, Ouagadougou, 55 p.

COPANS Jean, 1974, *Critiques et politiques de l'anthropologie*, Paris, F. Maspero, Dossiers africains, 151 p.

—— 1998 [1990], *La longue marche vers la modernité africaine : Savoirs, intellectuels, démocratie*, Paris, Karthala, coll. « Les Afriques », 373 p.

—— 2002 [1998], *L'enquête ethnologique de terrain*, Paris, Nathan université, Coll. 128, n° 210, 127 p.

—— 2003, « La fin de la société "d'État" : entre mobilités sociales et violences invisibles », *in* LEBEAU Y., NIANE B., PIRIOU A., DE SAINT MARTIN M. (eds), *États et acteurs émergents en Afrique*, Paris, Karthala, p. 7-25.

COULON Alain, 2002 [1987], *L'ethnométhodologie*, Paris, PUF, coll. « Que sais-je ? », 128 p.

DAFFE Gueye, DIAGNE Abdoulaye, 2008, « Politiques éducatives et stratégies de lutte contre la pauvreté », *in* DAFFE G., DIAGNE A. (éd.), *Le Sénégal face aux défis de la pauvreté. Les oubliés de la croissance*, Paris et Dakar, Karthala-CRES-CREPOS, p. 165-204.

DALBÉRA Claude, 1990, « Calcul, vie quotidienne et alphabétisation », in *Alphabétiser ? Parlons-en !*, Année internationale de l'alphabétisation, UNESCO, BIE.

—— 2002, « Stratégie du faire-faire, mécanismes de mise en œuvre et manuel de procédure du Fonds pour l'alphabétisation et l'alphabétisation non formelle », *Atelier sur la mise en œuvre du PDDEB, Concertation des ONG pour l'éducation de base*, 13 mars, Ouagadougou.

—— 2003, *Éducation bilingue et francophonie*, non édité.

DARRE Jean-Pierre, 1999, *La production de connaissance pour l'action. Arguments contre le racisme de l'intelligence*, Paris, Maison des sciences de l'Homme, 244 p.

DE KETELE Jean-Marie, 2000, « En guise de synthèse : convergence autour des compétences », *in* BOSMAN C., GÉRARD F.-M., ROGIERS X., *Quel avenir pour les compétences ?*, Bruxelles, De Boeck Université, p. 187-191.

DE QUEIROZ Jean-Manuel, 1995, *L'école et ses sociologies*, Paris, Nathan université, 128 p.

DELER Jean-Pierre, FAURE Y.-A., PIVETEAU A. (éd.), 1998, *ONG et développement. Société, économie, politique*, Paris, Karthala.

DELPEUCH Thierry, 2008, « L'analyse des transferts internationaux de politiques publiques : un état de l'art », CERI, Science Po, *Questions de recherche*, n° 27, 69 p.

DESCOLA, Philippe, 1986, *La nature domestique : symbolisme et praxis dans l'écologie des Achuar*, Fondation Singer-Polignac, Paris, Éd. de la Maison des sciences de l'homme, 450 p.

DIM DELOBSOM A. A., 1934, *Les secrets des sorciers noirs*, Préface de Robert Randau, Paris, Librairie Émile Nourry, coll. « Science et magie », n° 5.

DRAELANTS Hugues, MAROY Christian, 2007, *L'analyse des politiques publiques : un panorama*, Knowledge and policy in education and health sectors, 28 p.

DUMONT Louis, 1966, *Homo hierarchicus. Essai sur le système des castes*, Paris, Gallimard, Bibliothèque de Sciences humaines.

—— 1991 [1983], *Essais sur l'individualisme. Une perspective anthropologique sur l'idéologie moderne*, Paris, Le Seuil.

DUMOULIN David, 2007, « Grandeur et décadence de la double conservation dans les arènes internationales », in *Quaderni*, Université Paris 1, n° 64, automne, p. 23-36.

DUPRE Georges (dir.), 1991, *Savoirs paysans et développement*, Paris, Karthala-ORSTOM.

DURKHEIM Émile, 1969 [1938], *L'évolution pédagogique en France*, Paris, PUF, 403 p.

DURKHEIM Émile, MAUSS Marcel, 1903, « De quelques formes primitives de classification : contribution à l'étude des représentations collectives », in *L'année sociologique*, p. 1-72.

EBOKO Fred, 2005, « Politique publique et sida en Afrique », *CEA XLV* (2), n° 178, p. 351-387.

ELIAS Norbert, 1987, *La société des individus*, Paris, Fayard, 230 p.

ENGUÉLÉGUÉLÉ Maurice, 2008, « Quelques apports de l'analyse de l'action publique à l'étude du politique en Afrique subsaharienne », *Politiques et sociétés*, vol. 27, n° 1, p. 3-28.

EPT, 2000, *Forum mondial sur l'éducation de Dakar, cadre d'action de Dakar. L'éducation pour tous : tenir nos engagements collectifs*, 26-28 avril, Dakar.

ERNY Pierre, 1987 [1971], *L'enfant et son milieu en Afrique noire*, Paris, L'Harmattan.

FALL Amadou, 2002, *L'école au Sénégal : la question de l'adaptation. Histoire d'une problématique récurrente de 1817 à nos jours*, thèse de doctorat d'histoire, Dakar, 382 p.

FEBVRE Lucien, 1968 [1942], *Le problème de l'incroyance au XVIe siècle, la religion de Rabelais*, Paris, Albin Michel.

FERGUSON James, 1994, *The Anti-Politics Machine. Development, Depoliticization, and Bureaucratic Power in Lesotho*, Minesota.

FITOURI Chadly, 1983, *Biculturalisme, bilinguisme et éducation*, Neuchâtel-Paris, Delachaux et Niestlé, 300 p.

FONAEF, 2005, *Troisième assemblée générale statutaire du FONAEF, Rapport moral et financier du Conseil d'administration*, Ouagadougou, 25 p.

FORQUIN Jean-Claude, 1990, « La "nouvelle sociologie de l'éducation" en Grande Bretagne : orientations, apports théoriques, évolution (1970-1980) », in *Sociologie de l'éducation, dix ans de recherches. Recueil de notes de synthèses publiées par la Revue française de pédagogie*, Éducation et formation, Série références, INRP, Paris, L'Harmattan, p. 103-121.

FORTIER Corinne, 1997, « Mémorisation et audition : l'enseignement coranique chez les Maures de Mauritanie », *Islam et sociétés au sud du Sahara*, 11, p. 85-105.

FOUCAULT Michel, 1975, *Surveiller et punir*, Paris, Gallimard.

GARFINKEL Harold, 1967, *Studies in Ethnomethodology*, Englewood Cliffs, NJ, Prentice-Hall.

GAUTHIER Roger-François (coord.), 2011, « Le curriculum dans les politiques éducatives », in *Revue internationale d'éducation de Sèvre* (RIES), n° 56, Paris, CIEP.

GÉRARD Étienne, 1997, *La tentation du savoir en Afrique. Politiques, mythes et stratégies d'éducation au Mali*, Paris, ORSTOM et Karthala.

—— 1999, « Savoirs cachés, savoirs révélés, savoirs convoités : perspectives "maraboutiques" en milieu dioula au Burkina Faso », *in* « Les enjeux de l'éducation et des savoirs au Sud », *Les cahiers de l'ARES*, n° 1, mai, p. 127-140.

GERONIMI Vincent, BELLIUER Irène, GABAS Jean-Jacques, VERNIERES Michel, VILTARD Yves (dir.), 2008, *Savoirs et politiques de développement, Questions en débat à l'aube du XXIe siècle*, Paris, Karthala - Gemdev, coll. « Hommes et sociétés », 255 p.

GOODY Jack, 2002 [1977], *La raison graphique. La domestication de la pensée sauvage*, traduction et présentation de Jean Bazin et Alban Bensa, Paris, Les Éditions de Minuit, 274 p.

GRIGNON Claude, PASSERON Jean-Claude, 1989, *Le savant et le populaire, misérabilisme et populisme en sociologie et en littérature*, Paris, Gallimard, Le Seuil, Hautes Études, 260 p.

GUILLERMOU Yves, 2003, « ONG et dynamisme politique en Afrique. Le difficile dialogue à la base entre acteurs du développement rural », *in* « Les ONG médiations politiques et globalisation », *Journal des anthropologues*, 94-95, p. 123-143.

GUISSOU Pierre, 2002, « Valorisation du savoir-faire local en matière de prise en charge de la santé des populations : cas de la médecine et pharmacopée traditionnelle », *in* MAC, BM, *Atelier sur la problématique de l'intégration des savoirs locaux dans les programmes de développement*, 24-26 juin, Ouagadougou.

GÜTH Suzie, 1997, *Lycéens d'Afrique*, Paris, L'Harmattan, 318 p.

HAMERS Josiane-F., BLANC Michel, 1983, *Bilinguisme et bilingualité*, Bruxelles, Dessart et Mardaga.

HAMPÂTÉ BÂ Amadou, 1990, *Il n'y a pas de petite querelle, Nouveaux contes de la savane*, Paris, Pocket.

HASSANA Alidou, BATIANA André, DAMIBA Aimé, KABORÉ PARE Afsata, REMAIN KINDA Emma Clarisse, 2008, *Le Continuum d'éducation de base multilingue du Burkina Faso : une réponse aux exigences de l'éducation de qualité. Évaluation prospective du programme de consolidation de l'éducation bilingue et plan d'action stratégique opérationnel 2008-2010*, Rapport d'étude, mai.

HASSANA Alidou-Ngame, 2000, *Stratégies pour le développement d'un secteur éditorial en langues nationales dans les pays du Sahel : Burkina Faso, Mali, Niger et Sénégal*, Groupe de travail sur les livres et le matériel éducatif, ADEA.

HAUBERT Maxime, 2000, « L'idéologie de la société civile », *in* HAUBERT M., REY P.-P. (éd.), *Les Sociétés civiles face au marché. Le changement social dans le monde postcolonial*, Paris, Karthala, p. 13-86.

HAUDRICOURT André-Georges, HÉDIN Louis, 1987 [1943], *L'Homme et les plantes cultivées*, Paris, A.-M. Métailié.

HENAFF Nolwen, 2003, « Quel financement pour l'école en Afrique ? », *in* « Enseignements », *Cahiers d'études africaines*, 1-2, 169-170, p. 167-188.

—— 2006, « Éducation et développement, regard critique sur l'apport de la recherche en économie », *in* PILON (dir.), *Défis du développement en Afrique subsaharienne. L'éducation en jeu*, Les collections du CEPED, 67-95.

HENRIOT Agnès, DEROUET Jean Louis, SIROTA Régine, 1990, « Approches ethnographiques en sociologie de l'éducation », *in* HASSENFORDER J., *Sociologie de l'éducation, dix ans de recherches. Recueil de notes de synthèses publiées par la Revue française de Pédagogie*, INRP, Paris, L'Harmattan, Éducation et formation, Série références, p. 139-203.

HÉRITIER Françoise, 1996, *Masculin/féminin, la pensée de la différence*, Paris, Odile Jacob, 330 p.

HIBOU Béatrice, 1999, « De la privatisation des économies à la privatisation des États : une analyse de la formation continue de l'État », *in* HIBOU B., *La privatisation des États*, Paris, Karthala, CERI, p. 11-71.

HOUNTONDJI Paulin J., 1977, *Sur la philosophie africaine. Critique de l'ethnophilosophie*, Paris, Maspero.

—— 1994, *Les savoirs endogènes. Pistes pour une recherche*, Dakar, CODESRIA, 345 p.

ICSU, International Council for Science, 2002, *Science and Traditional Knowledge. Report from the ICSU Study Group on Science and Traditional Knowledge*, mars, 15 p.

ILBOUDO Paul Taryam, 2003, « Pertinence de l'éducation, adaptation des curricula et utilisation des langues africaines : le cas de l'éducation bilingue au Burkina Faso », in *Biennale de l'ADEA*, Grand Baie Maurice, 3-6 décembre.

ISAMBERT-JAMATI Viviane, 1984, *Culture technique et critique sociale à l'école élémentaire*, Paris, PUF.

—— 1995, *Les savoirs scolaires. Enjeux sociaux des contenus d'enseignement et de leurs réformes*, Paris, L'Harmattan.

JOANNERT Philippe, 2002, *Compétences et socioconstructivisme. Un cadre théorique*, Bruxelles, De Boeck Université.

KALANDA Mabika A., 1967, *La remise en question. Base de la décolonisation mentale*, Bruxelles, Remarques Africaines.

KAMBOU-FERRAND Jeanne-Marie, 1993, *Peuples voltaïques et conquête coloniale 1885-1915. Burkina Faso*, Paris, ACCT/L'Harmattan, Racines du présent.

KIETHEGA Jean-Baptiste (coord.), 2005, *État des lieux des savoirs locaux au Burkina Faso, Inventaire des bonnes pratiques et propositions pour leur contribution au développement*, Ouagadougou, CAPES, 448 p.

KI-ZERBO Joseph, 1990, *Éduquer ou périr*, Paris, UNICEF-UNESCO.

LAHIRE Bernard, 1999, « La sociologie de l'éducation et l'opacité des savoirs », *in* « Sociologie des savoirs », *Éducation et sociétés* n° 4, Bruxelles, De Boeck Université, INRP, p. 15-29.

LAHIRE Bernard, 2000 [1993], *Culture écrite et inégalités scolaires. Sociologie de l'« échec » à l'école primaire*, Lyon, Presses universitaires de Lyon, 310 p.

——— 2006, « Pour une pédagogie de l'explicite », in *Le monde de l'éducation*, octobre, p. 68-73.

LALLEMAND Suzanne, 1985, *L'apprentissage de la sexualité dans les contes d'Afrique de l'Ouest*, Paris, L'Harmattan.

——— 1993, *La circulation des enfants en société traditionnelle : prêt, don, échange*, Paris, L'Harmattan.

LALO Anne, 1988, « Pédagogie et recherches piagétiennes interculturelles », *in* BUREAU R., DE SAIVRE D. (dir.), *Apprentissage et cultures, les manières d'apprendre*, Paris, Karthala, p. 75-89.

LANGE Marie-France 1987, « Le refus de l'école : pouvoir d'une société civile bloquée ? », *in* « Togo authentique », *Politique Africaine*, n° 27, septembre-octobre, Paris, Karthala, p. 74-86.

——— 1991, « Systèmes scolaires et développement : discours et pratiques », *Politique Africaine*, n° 43, p. 105-121.

——— (dir.), 2001, « Des écoles pour le Sud. Stratégies sociales, politiques étatiques et interventions du nord », *Autrepart*, n° 17, Paris.

——— 2001, « Chapitre IX. Les politiques d'éducation dans les pays du Sud », *in* LERY A., VIMARD P. (dir.), *Population et développement : les principaux enjeux cinq ans après la Conférence du*

Caire, Paris, Les documents et manuels du CEPED, n° 12, CEPED - LPE, p. 103-112.

—— 2002, « Politiques publiques d'éducation », *in* LEVY M. (éd.), *Comment réduire pauvreté et inégalités. Pour une méthodologie des politiques publiques*, Paris, IRD-Karthala, p. 37-59.

—— 2003, « École et mondialisation : vers un nouvel ordre scolaire ? », *in* « Enseignements », *Cahiers d'études africaines*, 1-2, 169-170, p. 143-167.

LANGE Marie-France, MARTIN Jean-Yves, 1995, « Les stratégies éducatives en Afrique subsaharienne. Le face-à-face État/sociétés », *in* LANGE M.-F., MARTIN J.-Y. (dir.), *Les stratégies éducatives en Afrique subsaharienne*, Cahier des sciences humaines, vol. 31, n° 3, Paris, ORSTOM, p. 563-575.

LANGE Marie-France, PILON Marc, 2009, « L'inégale soumission des familles aux impératifs scolaires », *in* LANGE M.-F., PILON M. (dir.), « Famille et impératif scolaire », *Cahiers de la recherche sur l'éducation et les savoirs*, n° 8, p. 7-16.

LANOUE Éric, 2004, « La société ivoirienne au fil de ses réformes scolaires : une politique d'éducation intermédiaire est-elle possible ? », *Autrepart* (31), p. 93-108.

LAVAL Christian, WEBER Louis (éd.), 2002, *Le nouvel ordre éducatif mondial, OMC, Banque mondiale, OCDE, Commission européenne*, Paris, Nouveaux regards, Syllepse, 143 p.

LEENHARDT Maurice, 1971 [1947], *Do kamo, La personne et le mythe dans le monde mélanésien*, Paris, Éditions de Minuit, Les essais CLXIV, NRF.

LÉGUÉRÉ Jean-Pierre, 2003, *Approvisionnement en livres scolaires : vers plus de transparence. Afrique francophone*, Paris, IIEP, UNESCO.

LÉVI-STRAUSS, Claude, 1964, *Mythologiques*, t. I : *Le Cru et le cuit*, Paris, Plon.

—— 2006 [1962], *La pensée sauvage*, Paris, Pocket, Agora, 349 p.

LEWANDOWSKI Sophie, 2004, « *Politiques de mondialisation et savoirs éducatifs au Burkina Faso* », site Internet de Lestamp et CD-ROM, 2004, Nantes, Les sociétés de la mondialisation, Colloque Lestamp, 2-4 déc., 12 p.

—— 2006, « Mobilising Local Knowledge at School: A Requirement for the Quality of Education? Public Schools and Non-formal

Bilingual Schools in Burkina Faso », in *IRD, IER, NIESAC* « Education/Training: The Search for Quality », Ho Chi Minh City, 18-20 avril, 13 p.

——— 2007a, « Les compromis d'une ONG burkinabé entre politiques de "bonne gouvernance" et pouvoirs locaux », *in* « Décentralisations et développements », *Afrique contemporaine*, n° 221, p. 131-153.

——— 2007b, « La scolarisation, moyen de lutte contre la pauvreté ? Logiques d'experts et logiques paysannes gourmantchées au Burkina Faso », *in* « Savoirs et expériences », *Cahiers de la recherche sur l'éducation et les savoirs*, oct., n° 6, p. 301-321.

——— 2007c, « Les savoirs locaux au Burkina Faso : enjeux pédagogiques et sociaux », *in* « Anthropologie de l'école », *Ethnologie française*, oct.-déc., n° 37-4, p. 605-615.

——— 2007d, *Le savoir pluriel. École, formation et savoirs locaux dans la société gourmantchée au Burkina Faso*, thèse de doctorat de sociologie dirigée par Jean Copans, Paris, EHESS, 673 p.

——— 2008a, « Local knowledge facing up to the test of school: Storytelling and textbooks in Burkina Faso », in *Journal Education Science*, Institute for Education Strategy and Curriculum (4-2008 Institute for Education Science), Ministry of Education & Training, Hanoi, Vietnam, No 28 : 59-64.

——— 2008b, « L'État, "gestionnaire" de l'éducation ? Diversification et privatisation de l'offre scolaire au Burkina Faso », *in* « L'enseignement supérieur dans la globalisation libérale : une comparaison Maghreb, Afrique, Canada, France », *Alfa Maghreb et sciences sociales*, p. 89-103.

——— 2011a, « Politiques de lutte contre la pauvreté et inégalités scolaires à Dakar : vers un éclatement des normes éducatives ? », *in* « Inégalités scolaires au Sud : Genèse, transformation et reproduction », *Autrepart*, n° 59, p. 37-56.

——— 2011b, « L'Afrique dans les manuels scolaires français (1945-1998). Du colonialisme à l'économisme », *Cahiers de la recherche sur l'éducation et les savoirs*, n° 10, p. 205-218.

——— 2012, « Les savoirs locaux face aux écoles burkinabè. Négation, instrumentalisation, renforcement », *L'Homme*, n° 201, p. 85-106.

——— 2013, « Les experts dans la construction des savoirs scolaires au Sénégal. L'éducation à l'environnement sous l'égide de l'approche par les compétences », *in* MOITY-MAÏZI P. (dir.), *Savoirs et reconnaissance dans les sociétés africaines globalisées*, Karthala et SYSAV.

LEWANDOWSKI Sophie, NIANE Boubacar, 2013, « Acteurs transnationaux dans les politiques publiques d'éducation, Exemple de l'enseignement arabo-islamique au Sénégal », *in* DIOP M.-C. (dir.), *Sénégal 2000-2012. Les institutions et politiques publiques à l'épreuve d'une gouvernance libérale*, Paris, CRES-Karthala, coll. « Hommes et sociétés », p. 503-541.

LINTON Ralph, 1968 [1936], *De l'Homme*, Paris, Éditions de Minuit, Le sens commun.

LOOMBA Ania, SUVIR Kaul, MATTI Bunzl, BURTON Antoinette, ESTY Jed (éd.), 2005, *Postcolonial Studies and Beyond*, Durham et Londres, Duke University Press, 512 p.

MAC, BM, 2002a, *Atelier sur la Problématique de l'intégration des savoirs locaux dans les programmes de développement*, 24-26 juin, Ouagadougou.

——— 2002b, *Plan d'action pour l'intégration des savoirs locaux dans les programmes de développement*, Rapport du comité de réflexion réuni à Ouahigouya du 11 au 14 avril, 27 p.

MACHLUP Fritz, 1962, *The Production and Distribution of Knowledge in the United States*, Princeton, Princeton University Press,.

MADIEGA Georges, 1974, *Rapport entre l'administration coloniale française et les autorités traditionnelles du Cercle de Fada N'Gourma (Haute-Volta) 1935-1932*, mémoire de maîtrise d'histoire, Paris VII, 88 p.

——— 1982, *Contribution à l'histoire précoloniale du Gurma (Haute-Volta)*, Studien zur Kulturkunde 62, Franz Steiner Verlag-Wiesbaden, 260 p.

MADIEGA Georges, OUOBA Benoît Bendi, KABORÉ Oger, SOMDA Nurukyor Claude, 1983, *Projet Gulma. Histoire du peuplement du Gulma par la tradition orale*, Ouagadougou, MESRS, ACCT, Institut de recherche en sciences sociales et humaines.

MAGNEZ Éric, 2007, « Discussion complémentaire : structures symboliques et structures sociales », *Knowledge and Policy in Education and Health Sectors*, Revue de littérature, juin, 7 p.

MARIE Alain (dir.), 1997, *L'Afrique des individus*, Paris, Karthala.

MARTIN Jean-Yves, 1971, « L'école et les sociétés traditionnelles au Cameroun septentrional », *Cahiers ORSTOM*, Sciences humaines, VIII (3), p. 295-335.

—— 2002, « Les contradictions de l'offre et de la demande dans la politique de l'éducation pour tous », Colloque *Education and decentralisation. African experiences and comparative analysis*, juin, Johannesburg.

MARTINELLI Bruno, 1996, « Sous le regard de l'apprenti. Paliers de savoir et d'insertion chez les forgerons Moose du Yatenga (Burkina Faso) », in *Techniques et culture*, 28, p. 9-47.

MAUBERT J. T., 1907, *Monographie du cercle de Fada N'Gourma*, non édité, non paginé.

MAURER Bruno, 2010, *Les langues de scolarisation en Afrique francophone. Enjeux et repères pour l'action*, Rapport général, Paris, AUF, 103 p.

MBEMBE Achille, 2000, *De la postcolonie : Essai sur l'imagination politique dans l'Afrique contemporaine*, Paris, Karthala, 295 p.

MBODJ-POUYE Aïssatou, 2009, « Tenir un cahier dans la région cotonnière du Mali. Support d'écriture et rapport à soi », *Annales, histoire, sciences sociales* 2009/4, p. 855-885.

MEBA, 2000, *Plan décennal de développement de l'éducation de base 2000/2009*, 60 p.

—— Ministère de l'Éducation de base et de l'Alphabétisation (Burkina Faso), *Annexe au Plan décennal de développement de l'éducation de base 2001/2010.*

—— *Statistiques scolaires 2000-2001*, DEP, Ouagadougou.

—— *Rapport du séminaire provincial de bilan et de programmation des activités d'alphabétisation des campagnes 2003-2004 et 2004-2005 de la province de la Gnagna*, Direction provinciale de la Gnagna, Bogandé.

—— 2004b, *Enquête nationale sur la situation des logements des maîtres*, Ouagadougou, 35 p.

—— 2004c, Carte *éducative du Burkina Faso 2003-2004. Synthèse nationale*, DEP, Ouagadougou, 156 p.

—— 2005a, *Carte éducative. Province de la Gnagna, 2004-2005*, DEP, Ouagadougou, 20 p.

——— 2005b, *Statistiques de l'éducation de base 2004-2005*, DEP, Ouagadougou.

——— 2005c, *Évaluation des acquis scolaires 2003-2004*, DEP, Ouagadougou.

——— 2006, *Tableau de bord de l'Éducation de Base et de l'Alphabétisation, Année scolaire 2004-2005*, DEP, Ouagadougou.

MEBA, DGAENF, 2004, *Deuxième forum national sur l'alphabétisation. La stratégie du faire-faire pour une synergie axée sur la réduction de la pauvreté. Rapport général*, 6-10 décembre, Ouagadougou, 120 p.

MEBA, DGCRIEF, 2006, *Document de présentation du programme de réforme des curricula de l'enseignement de base*, Ouagadougou, 35 p.

MEBA, DGIPB, 1995, *Programme d'enseignement pour l'éducation de base, CP, Version préparatoire*, Ouagadougou, non paginé.

MEBA, sans date, *Curriculum d'alphabétisation*, Ouagadougou, 542 p.

MEBA/PAEN, 2003, *Guide pédagogique. Comprendre-agir*, Ouagadougou, 159 p.

MEBAM, DGINA, non daté (a), *Programmes des écoles bilingues Première année*, Ouagadougou, 74 p.

MEC, Ministère de l'Éducation nationale et de la Culture, 1976, *Réforme de l'Éducation. Dossier initial*, Ouagadougou, 101 p.

MED, 2003a, *Cadre stratégique de lutte contre la pauvreté*, septembre, 124 p.

——— 2004, *Enquête démographique et de santé 2003*, Ouagadougou, 350 p.

MEHAN Hugh, 1979, *Learning lessons*, Harward, University Press,.

MELLE Alexandra, 2005, « Troisième assemblée générale du FONAENF : des résultats positifs... mais attention aux chiffres trompeurs », *KASETO*, n° 001, septembre, Ouagadougou.

MERCIER-TREMBLEY Céline, 1982, « Pédagogie de l'enseignement primaire nord-camerounais », *in* SANTERRE R., MERCIER-TREMBLEY C., *La quête du savoir, essais pour une anthropologie de l'éducation camerounaise*, Montréal, Les Presses de l'Université de Montréal, p. 597-668.

MERLLIE Dominique, 1989, « Présentation. Le cas Lévy-Bruhl », *Revue philosophique*, n° 4/1989, p. 419-448.

MIC Ministère de l'Information et de la Culture, 1985, *Séminaire national sur la culture. Voies et moyens pour la promotion d'une culture nationale*, 22-28 avril, Matourkou, Ouagadougou, 139 p.

MICHAELOWA Katarina, 2000, « Dépenses d'éducation, qualité de l'éducation et pauvreté : l'exemple de cinq pays d'Afrique francophone », *Document de travail n° 57 réalisé dans le cadre du programme de recherche « Les nouvelles approches de lutte contre la pauvreté dans le développement »*, Centre de documentation de l'OCDE, 62 p.

MILLER-GRANDVAUX Yolande, WELMOND Michel, WOLF Joly, 2002, *Evolving Partnerships: The Role of NGOs in Basic Education in Africa*, USAID, United States, 72 p.

MINGAT A., SUCHAUT B, 2000, *Les systèmes éducatifs africains. Une analyse économique comparative*, Bruxelles, De Boeck Université, 308 p.

MINGAT Alain, 2006, « Options pour une allocation coût-efficace des ressources », *in* VERSPOOR A. M. (éd.), *Le défi de l'apprentissage : Améliorer la qualité de l'éducation de base en Afrique subsaharienne*, ADEA, p. 115-147.

MINISTÈRE DES AFFAIRES ÉTRANGÈRES DES PAYS-BAS, 2003, *Solutions locales à des défis mondiaux : vers un partenariat efficace en éducation de Base, Burkina Faso*, La Haye, 152 p.

MOITY-MAÏZI Pascale, MUCHNIK José, 2005, « Circulation et construction de savoir-faire : questions pour une anthropologie des systèmes alimentaires localisés », *Industries alimentaires et agricoles IAA*, 9, p. 16-26.

MOULIER-BOUTANG Yann, 2007, *Le capitalisme cognitif : la nouvelle grande transformation*, Paris, Éd. Amsterdam.

MOUMOUNI Abdou, 1998 [1964], *L'éducation en Afrique*, Dakar, Présence Africaine.

MUDIMBE Valentin Y., 1988, *The Invention of Africa*, Bloomington, Indiana University Press.

MULLER Pierre, 1996, « Cinq défis pour l'analyse des politiques publiques », *Revue française de science politique*, 46 (1), p. 96-102.

—— 2000, « L'analyse cognitive des politiques publiques : vers une sociologie politique de l'action publique », *Revue française de sciences politiques*, vol. 50, 2, p. 198-208.

—— 2005, « Esquisse d'une théorie du changement dans l'action publique. Structure, acteurs et cadres cognitifs », *Revue française de science politique*, vol. 55, n° 1, février 2005, p. 155-187.

—— 2009, *Les politiques publiques* (8e éd.), Paris, PUF, coll. « Que sais-je ? », 128 p.

MURDOCK G.P., 1938, *Outline of cultural materials*, New Haven, Human Relation Area Files Inc.

NDOYE Mamadou, 2010, « Les pays africains face aux réformes curriculaires », *in* TEHIO (éd.), *Politiques publiques en éducation : l'exemple des réformes curriculaires*, Actes du séminaire final, 10-12 juin 2009, Étude sur les réformes curriculaires par l'approche par compétences en Afrique, CIEP, MAEE, OIF, BAD, AFD, p. 51-58.

NIANE Boubacar, 2003, « Du gouvernement des ONG au Sénégal ? », *in* LEBEAU Y., NIANE B., PIRIOU A., DE SAINT MARTIN M. (dir.), *État et acteurs émergents en Afrique*, Paris, Karthala.

NIKIEMA Norbert, 1999, « Évolution de la question de l'utilisation des langues nationales dans le systèmes d'éducation du Burkina Faso de l'indépendance à nos jours », *in* MADIEGA G., NAO O., *Burkina Faso : cent ans d'histoire, 1895-1995*, Paris, Karthala, PUO, p. 1770-1789.

OLIVIER DE SARDAN Jean-Pierre, 2008, *La rigueur du qualitatif. Les contraintes empiriques de l'interprétation socio-anthropologique*, Academia Bruylant, anthropologie prospective, Louvain-la-Neuve, 365 p.

OLIVIER DE SARDAN Jean-Pierre, PAQUOT Elisabeth (dir.), 1991, *D'un savoir à l'autre. Les agents de développement comme médiateurs*, Paris, La Documentation française, 204 p.

OMPI, 2004, Observatoire mondial de la propriété intellectuelle, *Comité intergouvernemental de la propriété intellectuelle relative aux ressources génétiques, aux savoirs traditionnels et au folklore*, septième session, 1-5 novembre 2004. Décisions et recommandations adoptées par l'instance permanente des nations unies sur les questions autochtones, Genève.

ONU, 2010, *Objectifs du millénaire pour le développement. Rapport 2010*, DAES, 76 p.

OSMONT Annik, 1998, « La "gouvernance" : concept mou, politique ferme », *in* « Gouvernances », *Les Annales de la recherche urbaine*, n° 80-81, p. 19-27.

OSSÉTÉ Jacques, 1996, *Le livre scolaire au Congo*, Paris, L'Harmattan.

OUÉDRAOGO Adama, 1997, *L'image de l'enfant dans les manuels de lecture au Burkina Faso*, thèse de doctorat de sciences de l'éducation, Paris, Université Paris V, 501 p.

OUÉDRAOGO François de Charles, 2004, *Géographie de la vulnérabilité alimentaire dans l'Est du Burkina Faso : des potentialités aux ressources*, Doctorat de sciences sociales, mention géographie, Paris, IEDES, IRD, 394 p.

OUÉDRAOGO Valérie, 2005, *Les rapports à l'école au Burkina Faso : un exemple urbain (Ouagadougou) et rural (Zorgho)*, thèse de doctorat de sociologie, Paris.

OUOBA Benoît Bendi, 2005, *Le bilinguisme scolaire de l'association Tin Tua et ses résultats. Promouvoir un développement durable par l'alphabétisation et la formation*, Communication, non paginé.

PASEC, 2009, *Les apprentissages scolaires au Burkina Faso : les effets du contexte, les facteurs pour agir*, CONFEMEN MEBA, 122 p.

PAULME Denise, 1976, *La mère dévorante, Essai sur la morphologie des contes africains*, Paris, Gallimard.

PETIT Pierre (éd.), 2010, *Société civile et éducation*, Academia Bruylant, Louvain-la-Neuve, p. 15-47.

PETITEVILLE Franck, 2010, « Politiques internationales », *in* BOUSSAGUET L., JACQUOT S., RAVINET P., *Dictionnaire des politiques publiques*, Paris, Les presses de Science Po, p. 437-446.

PETITEVILLE Franck., SMITH A., 2006, « Analyser les politiques publiques internationales », *Revue française de science politique*, 56, 3, p. 357-366.

PÉTONNET Colette, 1982, « L'Observation flottante. L'exemple d'un cimetière parisien », *L'Homme*, vol. 22, n° 4, p. 37-47.

PILON Marc, 2004, « L'évolution du champ scolaire au Burkina Faso », *in* « Écoles publiques, écoles privées au "Sud" : usages pluriels, frontières incertaines », *Cahiers de la recherche sur l'éducation et les savoirs*, CRES, n° 3, p. 143-165.

PILON Marc, KABORÉ Idrissa, 2003, « Rapport sur les données statistiques non scolaires », *in* LIECHTI V. (éd.), *Mesurer un droit de l'homme ? L'effectivité du droit à l'éducation III. Premiers résultats de synthèse*, IIEDH, APNEF, DDC, p. 43-54.

PILON Marc, YARO Yacouba (dir.), 2001, *La demande d'éducation en Afrique. État des connaissances et perspectives de recherche*, Dakar, UEPA-UAPS.

PINGEL Falk, 1999, *Guide UNESCO pour l'analyse et la révision des manuels scolaires*, Goerg Institut, UNESCO, site Internet : http://unesdoc.unesco.org/ulis/cgi-bin/ulis.pl?database.

PNUD, 2000, *Rapport sur le développement humain, Burkina Faso 2000, Le rôle de la gouvernance*, Ouagadougou, 238 p.

PROPP Vladimir, 1992, *Morphologie du conte*, Paris, Points.

RABAIN Jacqueline, 1979, *L'enfant du lignage : du sevrage à la classe d'âge chez les Wolof du Sénégal*, Paris, Payot.

RAMOGNINO Nicole, 2004, « Les enjeux de la culture commune à l'école », *in* DUTERCQ Y., DEROUET J.-L. (éd.), *Le collège en chantier. Retour sur le collège unique*, Paris, INRP.

RAMOGNINO Nicole, VITALE Philippe, 2004, « Littérature et sociologie : l'exemple des manuels d'enseignement des sciences économiques et sociales », *in* GUILLEMIN A. (éd.), *Histoire et littérature*, Paris, L'Harmattan.

ROGIERS Xavier, 2000, *Une pédagogie de l'intégration, compétences et intégration des acquis dans l'enseignement*, Paris-Bruxelles, De Boeck Université.

ROPE Françoise, TANGUY Lucie (dir.), 1994, *Savoir et compétences. De l'usage de ces notions dans l'école et dans l'entreprise*, Paris, L'Harmattan, Logiques sociales.

ROSENBAUM James, 1976, *Making inequality: The hidden curriculum of high school tracking*, New York, Wiley, 238 p.

RUSSEIL Sarah, 2010, « Transfert de politiques publiques », *in* BOUSSAGUET L., JACQUOT S., RAVINET P., *Dictionnaire des politiques publiques*, Les presses de Science Po, p. 640-650.

SABATIER Paul et SCHLAGER Edella, 2000, « Les approches cognitives des politiques publiques : perspectives américaines », *Revue française de science politique*, 50 (2), p. 209-234.

SAID Edward W., 1994 [1979], *Orientalism*, New York, Vintage Books,.

SANOGO Mamadou Lamine, 2004, « Pour une politique des langues partenaires dans le système éducatif burkinabé », communication au colloque *Le droit à l'éducation : Quelle effectivité au Nord et au Sud ?*, Ouagadougou, AFEC.

SANOU Fernand, 1999a, « Politique éducative du primaire du Burkina Faso de 1900 à 1990 », *in* MADIEGA G., NAO O., *Burkina Faso : cent ans d'histoire, 1895-1995*, Paris, Karthala, PUO, p. 1691-1745.

—— 1999b, « Colonialisme, éducation, et langues : hier et aujourd'hui », *in* MADIEGA G., NAO O., *Burkina Faso : cent ans d'histoire, 1895-1995*, Paris, Karthala, PUO, p. 1791-1813.

SANTERRE Renaud, MERCIER-TREMBLEY Céline, 1982, *La quête du savoir. Essais pour une anthropologie de l'éducation camerounaise*, Montréal, Les Presses de l'Université de Montréal, 889 p.

SANWIDI Samuel, 1989, Alphabétisation et développement villageois en Afrique subsaharienne : l'expérience du Burkina Faso (1960-1987), Doctorat de sociologie, Tours, 454 p.

SCHLEMMER Bernard, 2009, « Savoirs conquis, savoirs transmis. L'acquisition des savoirs dans l'apprentissage traditionnel et dans le système scolaire », in *Cahiers de la recherche sur l'éducation et les savoirs*, n° 8, p. 245-262.

SÉNÉCHAL Jacques, 1974, *Espace et mobilité en milieu soudano-sahélien : le changement dans l'isolement (Gourma du Nord-Haute-Volta)*, thèse de géographie, Paris, EPHS.

SINDZINGRE Alice, 2003, « États et institutions d'aide en Afrique subsaharienne : éléments d'économie politique », *in* LEBEAU Y., NIANE B., PIRIOU A., DE SAINT MARTIN M., *État et acteurs émergents en Afrique*, Paris, Karthala-IFRA, p. 271-293.

SONOLET Louis, PÉRÈS A., 1916b, *Moussa et Gigla, Histoire de deux petits noirs, livre de lecture courante. Cours complet d'enseignement à l'usage des écoles de l'Afrique occidentale française*, Paris, Colin.

SPINDLER Georges, 1974, « The Transmission of Culture », in *Education and Cultural Process*, p. 279-310.

STEHR Nico, 2002, *Knowledge and Economic Conduct. The Social Foundations of the Modern Economy*, University of Toronto Press.

SUNDAR Nandini, 2002, « Indigéniser, indianiser et spiritualiser » l'éducation ? Tout un programme... », *in* AGRAWAL A. (éd.), « Les savoirs autochtones », *Revue internationale des sciences sociales*, septembre, n° 173, p. 413-425.

SUREL Yves, 1998, « Idées, intérêts, institutions dans l'analyse des politiques publiques », *Pouvoirs*, 87, p. 161-178.

SWANSON Richard Alan, 1976, *Gourma ethnoanatomy, A theory of human being*, Evanston, Illinois, University press of America, 488 p.

TANGUY Lucie, 1983, « Savoirs et savoirs sociaux dans l'enseignement secondaire en France », in *Revue française de sociologie*, XXIV (2), p. 227-254.

TAPIE V.L., GENET L. (coord.), REMOND R., CHAUNU P., MARCET A., KI-ZERBO J., 1962 [1960], *Le monde contemporain*, Paris, Hatier.

TEMPELS Placide, 1949, *Bantu Philosophy*, Paris, Présence Africaine.

THATCHER Mark, 2010, « Réseau (Policy Network) », *in* BOUSSAGUET L., JACQUOT S., RAVINET P., *Dictionnaire des politiques publiques*, Les presses de Science Po, p. 569-576.

THOMAS Frédéric, 2003, *La forêt mise à nu. Essai anthropologique sur la construction d'un objet scientifique tropical « forêts et bois coloniaux d'Indochine »*, thèse de troisième cycle, Paris, EHESS, 1 308 p.

THOMAS Louis-Vincent, LUNEAU René, 1992 [1975], *La terre africaine et ses religions*, Paris, L'Harmattan.

TOURNEUX Henry et IYEBI-MANDJEK Olivier, 1994, *L'école dans une petite ville africaine (Maroua, Cameroun). L'enseignement en milieu urbain multilingue*, Paris, Karthala, 330 p.

TOURNEUX Henry, 2006, « Langues et éducation, langues de démarrage, langues d'enseignement, langues enseignées », *Enjeux*, vol. 27, p. 28-30.

—— (dir.), 2008, *Langues, cultures et développement en Afrique*, Paris, Karthala, 309 p.

—— 2009, « Linguistique et développement. Et si, pour sortir du malentendu, le dialogue interculturel avait besoin d'un nouvel outil ? », *La Grande Oreille*, (39), p. 39-41.

—— 2011, *La transmission des savoirs en Afrique. Savoirs locaux et langues locales pour l'enseignement*, Paris, Karthala, 304 p.

TOWA Marcien, 1971, *Essai sur la problématique philosophique dans l'Afrique actuelle*, Yaoundé, Éditions CLÉ.

TRAORÉ Ambou, OUELLETTE Marcel, 2003, *Politique éditoriale INEBNF*, PENF, MEBA, ACDI, Ouagadougou, 30 p.

UNESCO, EPT, 2010, *Rapport mondial de suivi sur l'EPT. Atteindre les marginalisés*, Paris, UNESCO, 511 p.

UNESCO-ISU, 2010, *Burkina Faso*, site Internet : http://stats.uis.unesco.org/unesco/ReportFolders/ReportFolders.aspx

UNESCO, 1965, *L'alphabétisation au service du développement*, MINEDLIT/3, Paris, 41 p.

—— 1975, *Symposium International pour l'alphabétisation, Rapport final*, Persépolis.

—— 2005, *Vers les sociétés du savoir*, Paris, 232 p.

VELLARD Dominique, 1988, « Anthropologie et sciences cognitives : une étude des procédures de calcul mental utilisées par une population analphabète », *in* « Langage et cognition », *Intellectica*, 1888/2, n° 6.

VINOKUR Annie, 1999, « Les politiques éducatives entre le global et le local », *Séminaire Stratégies éducatives, familles et dynamiques démographiques*, 15-20 novembre 1999, Ouagadougou, Université de Ouagadougou FLASHS, UERD, CICRED.

—— 2004, « Public, privé... ou hybride ? L'effacement des frontières dans l'éducation », *in* « Écoles publiques, écoles privées au "Sud" : usages pluriels, frontières incertaines », CRES, n° 3- 2004, Paris, p. 13-35.

VITALE Philippe, 2006, *La sociologie et son enseignement. Curricula, théories, recherches*, Paris, L'Harmattan, 254 p.

WIREDU Kwasi, 1992, « Formulating Modern Thought in African Languages: Some Theoretical Considerations », *in* MUDIMBE V. Y. (éd.), *The Surreptitious Speech. Présence Africaine and the Politics of Otherness 1947-1987*, Chicago, University of Chicago Press, p. 301-332.

WOODS Peter, 1983, *Sociology and the School. An interactioniste viewpoint*, London, Routledge and Kegan Paul.

YARO Yacouba, 1990, *Les disparités géo-culturelles de l'enseignement primaire au Burkina Faso : des origines à nos jours*, mémoire de DEA de démographie, Paris, Université Paris I.

—— 1994, *Pourquoi l'expansion de l'enseignement primaire est-elle si difficile au Burkina Faso ? : une analyse social-démocratique des déterminants et des perspectives scolaires de 1960 à 2006*, thèse de doctorat Université Paris I, Paris, Panthéon Sorbonne.

YOUNG Michaël F. D. (éd.), 1971, *Knowledge and Control*, London, Mac Millan.

Table des illustrations

Table des matières

Composition, mise en page :
Écriture Paco Service
27, rue des Estuaires - 35140 Saint-Hilaire-des-Landes

Achevé d'imprimer en février 2024
sur les presses de la Nouvelle Imprimerie Laballery
58500 Clamecy
Dépôt légal : avril 2016
Numéro d'impression : N123313

Imprimé en France

La Nouvelle Imprimerie Laballery est titulaire de la marque Imprim'Vert®

www.ingramcontent.com/pod-product-compliance
Lightning Source LLC
LaVergne TN
LVHW010921051026
849532LV00003B/792